# 策略 ブラック学級開き

## 規律と秩序を仕込む漆黒の三日間

中村 健一 著



明治図書

# はじめに

日本一の腹黒教師・中村健一の『ブラックシリーズ』が、早くも帰って来てしまった。

前作『策略―ブラック授業づくり　つまらない普通の授業にはブラックペッパーをかけて』（明治図書）のポップには、「これが最後のブラック本」の文字が……。

「騙された。早くも帰って来るとは、許せない」との批判もあるだろう。

しかし、私には私の、大人の事情があるのだ。

その事情とは、……『ブラック授業づくり』も売れてしまったからだ。

しかも、『ブラック学級づくり』『ブラック保護者・職員室対応術』『ブラック授業づくり』の3部作を合わせて、3万部という驚異の売れ行きだ。

これは、続編を作らないのは、もったいない。いや、もったいなさすぎる。

えっ!?　そんな理由?.?.?　いや、売れたから続編を作る。これ以上ない、市場の原理ではないか。

説明するまでもなく、市場は、需要と供給で成り立っている。シリーズが売れて需要があるのだから、供給する。自明の理だ。

文句のある方は、明治図書のホームページやアマゾンのレビューに悪口を書き込んでいただきたい。

それが、本書が売れる原動力になる。悪口は、大歓迎だ。

ここまで読まれた方は、「中村健一は、何て図太いヤツだ」と思われたことだろう。

しかし、図太くて、結構。図太くなければ、この厳しい教育出版業界を生き抜くことはできない。

いや、教育出版業界だけではないな。図太さがなければ、厳しい学校現場を生き抜くことはできない。教師には、図太さ、したたかさが必要なのである。

教師は、真面目だ。真面目であることは、教師の最低限の条件だ。我々教師は、真面目という特性を誇ったらいい。「真面目で何が悪い！」と。

真面目でない人間に子どもたちは任せられない。任せられる訳がない。

ただ、真面目すぎて、自分を追い詰めてしまう教師がいる。自分の失敗が許せないのだ。そして、自分を責め、心と体を壊す。そして、病休に入ってしまう。下手すると、自殺してしまう。

『ブラックシリーズ』は、そんな真面目な教師にこそ読んで欲しい本である。この本を読んで、中村の図太さを少しでも学んでいただければと思う。

真面目なだけでは厳しい教育現場は生き抜けない。教師は真面目な資質にプラスして、「策略」を持たなければならない。これが『ブラックシリーズ』の一貫したコンセプトだ。

今回の『策略―ブラック学級開き　規律と秩序を仕込む漆黒の三日間』では、「策略」が最も必要で大切な4月の学級開きについて述べていく。

私は、学級がうまくいくかどうか？は4月で100％決まってしまうと思っている。

1年間、学級崩壊させずに平穏無事に過ごすためには、4月の「策略」が最も大切なのだ。

私は、この『ブラック学級開き』を愛すべき全ての真面目な教師に捧ぐ。

**真面目な教師たちよ。厳しい現場を生き抜くために、黒くなれ！**

「日本一の腹黒教師」　中村　健一

# もくじ



## 第1章 学級開き 大事な4月をうまくやり抜く漆黒の心得

第2章

# 0・1・3・7・30

## 1年間を生き抜くための30日ブラックプラン

第3章
# 学級崩壊・回避
## 教師を続けるための腹黒ルール

# 第1章

# 学級開き

## 大事な４月をうまくやり抜く漆黒の心得

# 4月の重みを知ると知らぬで生死が分かれる

「4月の1ヶ月で学級づくりの80％が決まってしまう。」

尊敬する野中信行氏（初任者教育の第一人者。『新卒教師時代を生き抜く心得術60 やんちゃを味方にする日々の戦略』明治図書など多数の著作がある）は、著書や講座の中で、こうくり返している。全くの同感だ。

しかし、私は、著書や講座の中でさらに強く言っている。

**学級が1年間持つかどうかは、4月の1ヶ月で100％決まってしまう。**

もちろん、若手教師たちの危機感をあおるため、「策略」として強く言っている面もある。また、私の言うことをそのまま受け止めて、4月だけがんばって後の11ヶ月手を抜かれても困る。学級づくりは、1年間続いていくのだ。1年間ずっと手を抜くことは許されない。

それでも私は「4月の1ヶ月で100％」だと主張する。それは、

## 4月の失敗は、絶対に取り戻せない

からだ。

スタートダッシュでつまずいてしまったら、そこでゲームオーバー。

いったん崩れてしまったクラスを立て直すのは、容易な作業ではない。いったん崩れてしまった子どもたちや保護者の信頼を取り戻すのは、容易な作業ではない。

逆に、4月のスタートダッシュに成功すると、後が楽だ。クラスが軌道に乗れば、子どもたちに、そんなに手はかからなくなる。また、ある程度の失敗も許されるようになる。

だから、私は、4月の学級づくりに全力を注ぐ。死ぬ気でやる。

「定時に帰ることを原則にしている」なんてことを『ブラック学級づくり』で書いた。

しかし、4月は、原則外だ。どれだけ時間がかかっても、手を抜かずに準備する。

大事な大事な4月を「抜け」なく過ごすには、「策略」が欠かせない。スタートダッシュを成功させるためには、思いつきで動いていてはダメなのだ。

だから、私は毎日、どうやって過ごすのか、「策略」を巡らせる。そして、毎日、分刻みのスケジュールを作って、「抜け」がないように過ごす。

毎日、全身全霊を込めて準備をする。そして、毎日、全身全霊を込めて、学級づくりをする。死ぬほど辛い作業である。毎年、4月は体重が3キロぐらいは減る。この事実からも、私がどれだけ辛い思いをしているか分かるだろう。

しかし、私は4月に手を抜くと、1年間ずっと辛い思いをするのを知っている。

**4月1ヶ月の死ぬ気のがんばりは、残り11ヶ月を楽に過ごすための投資である。12ヶ月ずっとキツイよりも、1ヶ月だけキツイ方がいいではないか。**

だから私は4月はどんなに心と体がキツくても、死ぬ気で学級づくりをやり続けるのだ。

まずは、読者にも4月の大切さを分かって欲しい。学級づくりにおいて、4月は非常に重いのだ。

# 年度当初の貯金を切り崩しながら1年間生き延びるのだ

私が4月の大切さを強く主張する理由は、他の実践家とは、少し違っている気がしている。

たとえば、親友・土作彰氏の「年間を通じた教師の活動量と子どもの活動量のイメージ」の図である（『情熱—燃えるレッドの学級づくり　全力で子どもを伸ばす！クラス担任術』明治図書25ページ一部改変）。

土作氏のイメージは、こうだ。4月は、教師主導で活動が行われる。そして、教師の活動量は1年間で徐々に減っていく。最終的に、3月には、教師がいなくても子どもたちが自分たちだけで動けるようになる。理想的な形である。

土作氏は、活動量で説明しているが、多くの実践家もイメージは同じだろう。

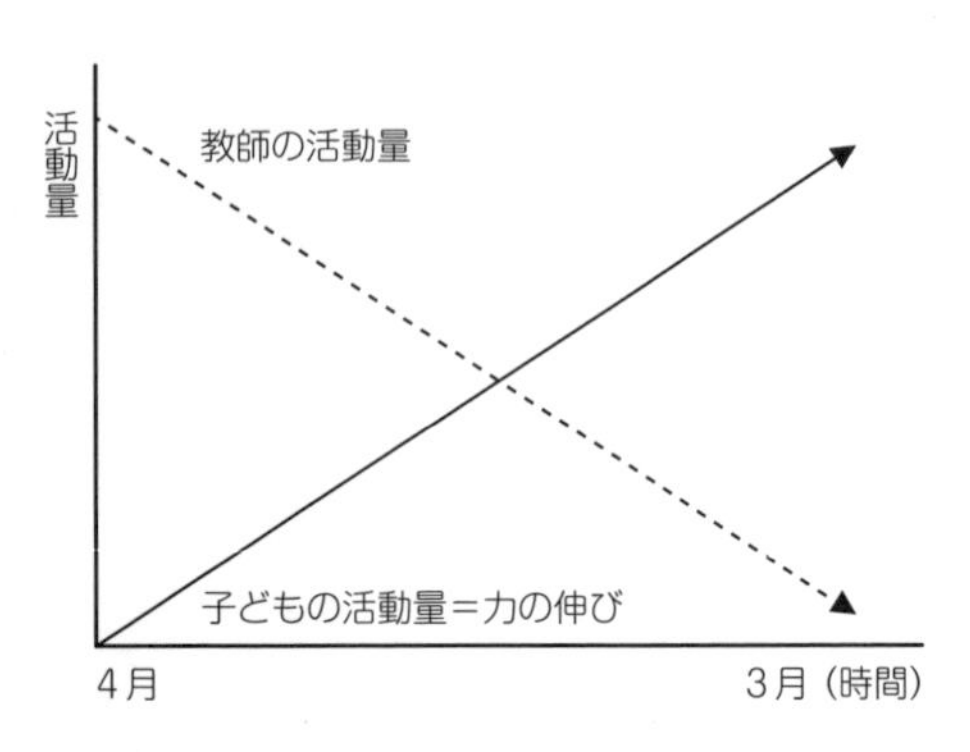


年間を通じた教師の活動量と子どもの活動量イメージ（土作）

4月にきっちりと学級づくりをして、土台を作る。そして、そのしっかりとした土台の上で子どもたちを伸ばしていく。徐々に学級を集団として高めていくイメージだ。

しかし、私のイメージは、違う。はっきりと、違う。正直、こういう理想像を語る教師を「甘い」と思う。そして、「うらやましい」と思う。

私が勤務してきた困難校では、こんな理想は通じないからだ。

そこで、私のイメージを図に表してみた。

ちなみに言うと、私には多数の著作がある。しかし、図を使って説明するのは、初めてだ。超文系人間である私は、図がよく理解できない。ということで、格好よく図を使って説明するのは、これが最初で最後かな。

では、次のページで大公開！　中村、人生唯一の、図。

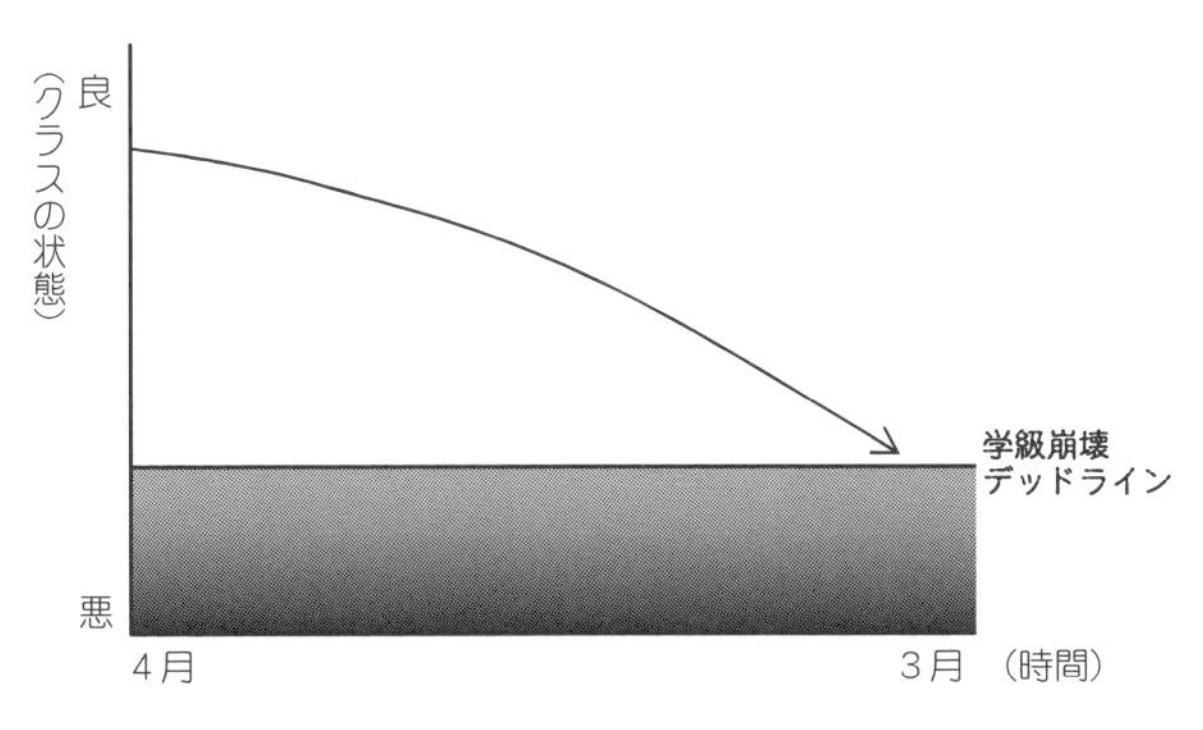

年間を通じた学級の状態イメージ

ジャーン。

私のイメージは、こうだ。4月に学級づくりの貯金をする。そして、学級の状態は1年間で徐々に悪くなっていく。4月に貯めた貯金がどんどん減っていくイメージだ。最終的に、3月には、学級の状態は一番下まで落ちてしまう。しかし、4月の貯金があるので、何とか学級崩壊にならずに済む。私が体験してきた現実的な形である。

**4月は、困難校でも、子どもたちは比較的素直である。**
**貯金をするなら、ここしかない。**

子どもたちを褒めまくって、教師のことを「少し」信頼させる。

楽しいゲームやイベントをして、クラスを「少し」まとめる。
困難校では、どうせ「しっかり」は信頼しない。どうせ「しっかり」はまとまらない。
でも、「少し」でも、ないよりはマシだ。

**4月に教師への信頼や、クラスのまとまりを「少し」でも多くつくって、貯金をしておくのだ。**

4月にいったんクラスの形をつくったからと言って、困難校の子どもたちは理想に向かって伸びてはくれない。

**子どもたちは、徐々に教師への信頼を失い、反抗的になっていく。**
**クラスは、徐々にまとまりを失い、バラバラになっていく。**

私は、1年間をふり返れば、
「結局、4月が一番いいクラスだったなあ」

なんて思うことが何度もあった。

実感としては、1学期の最後辺りに一番クラスがまとまっていることが多いかな。後は、バラバラになる一方……。

「4月にしっかり貯金をつくっておいたお陰で、今年も1年間、学級崩壊のデッドラインに落ちることなく、なんとかしのげたな。」

私は、こう感じて、ホッとすることが何度もあった。

4月の貯金を切り崩しながら、なんとか1年間を凌いできたイメージを私は持っているのだ。

そんな経験を何度もしているから、私は他の実践家たちとは違う視点で、4月の大切さを説く。4月にしっかりと貯金をしておかないと、学級崩壊のデッドラインを早く越えてしまう。1年間持たない。

だから、「策略」を巡らせ、4月の学級づくりに全力を注ぐのだ。貯金が多ければ多いだけ、学級崩壊になる可能性を下げることができる。

# 最初の「しくじり」は学級崩壊「致命傷」となる

「抜け」なく過ごせ！と書いている。私には、しっくりくる言葉だ。だが、この言葉、一般的でない。感覚的に使っていると自覚している。

そこで、読者にも私の感覚がイメージできるように、具体例を挙げて説明したい。それが、筆者としての責務だろう。俺って、意外に責任感、強いのよ。

たとえば、私の大好きなある若手教師が3月に行ってくれた講座である。

彼が行った講座のタイトルは、「しくじり先生　俺みたいになるな!!」。彼は、その年、学級を壊していた。どうやって壊していったのか？　彼は、それを語ってくれた。

学級崩壊を起こしたその年の3月に行われた講座である。気持ちの整理もつかず、語るのには非常に勇気がいったことと思う。

それでも、彼は、語ってくれた。いかにして、クラスが壊れていったのかを。いや、壊していったのかを。この講座は、大好評だった。彼の勇気を受け、講座を受けた教師たちは大きな勇気をもらった。私も、その一人だ。

では、彼がどうやって、学級を壊していったか？

たとえば、彼は、4月の段階で、検尿（正しくは、コップ、スポイトなどの検査用具一式）を配り忘れるという大きなミスをしていた。これほどの大きなミスは、まさに命取りだ。致命傷。

検尿を配り忘れた教師に対し、保護者が、「この先生、大丈夫？」と不信感を持ったことは容易に想像できる。

検尿を配り忘れるなんてことが、私の言う「抜け」である。少しはイメージしていただけただろうか？

ちなみに、彼は、配り忘れた検尿を子どもたちに電話して取りに来させている。聞いてみると、誰にも相談せず、一人で判断したそうだ。失敗を周りに気づかれるのが、恥ずかしかったらしい。

学年主任や管理職に相談していれば、こんな失敗の上塗りはせずに済んだはず。私が教頭なら、一緒に一軒一軒頭を下げて回っただろう。そして、検尿を手渡しただろう。

失敗を隠して、一人で判断することは、本当に危険だ。自分の身を守るためにも、とにかく人に相談することが大切である。彼の失敗から、若手教師は学んで欲しい。

これほどの大きなミスでないにしても、ほんのちょっとした「抜け」が不信につながる可能性もある。

たとえば、私の勤務する学校で、家庭訪問の日程（各家庭にどういう順番で行くか）のプリントを配る日がズレるという「事件」が起きた。提案時には「4月13日配布」と書かれていたのに、後で口頭で「14日配布」と変更されたらしい。

よく聞いていた教師と、私のようによく聞いていなかった教師で、配布した日が違ってしまった。大多数の教師が13日に配り、少数の教師が14日に配ったのである。

「僕は、よく聞いてなかったから、早めに配る組に入れてよかったです。」

こんなことを言って、笑い話にして済ませてしまおうという若手教師もいた。しかし、私は珍しく強く主張した。自分がよく聞いていなかったことは棚に上げてでも、言っておいた方がいいと思ったからだ。

「これは、笑いごとではないし、絶対に許される話ではない。再発防止に努めてください。

たとえば、3学級の学年で、ベテラン2人が早めに配り、初任の若手が1日遅れで配ったとします。保護者は、この違いを初任者の失敗と捉える可能性が高いです。で、それが不信につながっていく。」

さすがにイメージできたのだろう。笑い話で済ませようとした若手教師からも笑顔が消えた。

**家庭訪問のプリントを1日遅く配ってしまう。こんなちょっとしたミスが私の言う「抜け」である。こんな「抜け」1つが致命傷になりかねないのだ。**

今の教師は、失敗が許されない。こんなちょっとした「抜け」が保護者の不信につながってしまう。こんな「抜け」1つを理由に教師を攻撃する保護者さえいるだろう。

LINEなんて「武器」を使って、不信感を広めて担任を辞めさせようという「策略」に出る保護者さえいるかも知れない。今どきの保護者は、戦い方を知っている。本当に怖い存在だ。

だから、教師は「抜け」がないように「策略」を巡らせて学級づくりをする必要がある。

# ミニゲームで子どもをいい気分にノセよ

4月の学級づくりで一番大切な「策略」は何か？　それは、

## クラスの子どもたちを「安心」させること

である。「安心」は、学級づくりの一番のキーワードだ。

今どきの子どもたちは、「不安」を抱えている。

たとえば、同じクラスになっても、すぐに友達にはならない。「こんなこと言って、嫌われないかな？」「こんなことして、浮かないかな？」子どもたちは、どこか遠慮しながら、つきあい始める。お互いの顔色を見ながら、つきあい始める。

子どもたち同士の距離が遠いと言える。この距離が「不安」の大きな一因になっている。私が教師になったばかりの25年以上前は、違った。

子どもたちは、同じクラスになっただけで、即、仲間になった。友達になった。一緒の食缶からつがれる給食を食べるのだから、まさに「同じ釜の飯を食う」感覚があった。子ども同士の距離が近かったと言える。だから、教室には「安心」感が漂っていた。

しかし、今どきの子どもたちは、そうはならない。だから、そんな子どもたちを意図的につなげる必要がある。つなげて、子ども同士の距離を縮めるのだ。それが「安心」につながる。

そこで、私は4月はミニゲームを集中投下する「策略」に出る。一緒に楽しくゲームをすることで、子どもたちは、どんどん仲よくなっていくからだ。

たとえば、運命を感じるゲームをよく行う。次のようなゲームである。

## ★テッテッテッテッテレパシ～♪

①教室を歩き回って、2人組をつくる。

②2人で声を揃えて、手を振りながら「テッテッテッテッテレパシ～♪」と言う。

③最後の「シ〜」に合わせて、1本から5本の指を出す。
④同じ本数なら、見事に成功。
⑤2分間、相手を変えてくり返す。一番多く成功した人が優勝。

子どもたちは、同じ本数の指を出した子に運命を感じる。親近感を持ち、2人の距離が少し縮まる。こういう子ども同士をつなげる、ちょっとしたきっかけをつくれるゲームをたくさんするといい。

また、つなげる基本は、コミュニケーション。つまり、おしゃべりだ。そこで、子ども同士のおしゃべりを促すゲームもよく行う。

## ★2人の「一緒」を探せ！

①隣の席の人と2人組になる。
②おしゃべりして、2人の共通点を探す。「兄弟の数が一緒」「好きな食べ物が一緒」など。
③「人間である」「○年生である」など、クラス全員に当てはまる共通点はダメ。
④3分間で一番多くの共通点を見つけたペアが優勝。

こういうゲームをして、子どもたち同士が話すきっかけをつくる。

他にも、たとえば、「班で4月から数えて誕生日が二番目に早い人がプリントを取りに来てください」と指示する。すると、子どもたちは、誕生日を教え合う。「班でジャンケンをして一番勝った人が取りに来てください」と言えば、ジャンケンを楽しむ。

ペアトークなども多発する。4月には、「不安」がっている子どもたちを「つなげる」ためにいろいろな「策略」を巡らせる。

本書は、ネタ紹介が目的ではない。ミニゲームやネタは、中村や土作彰氏などのネタ本を買えば、いくらでもゲットできる。

ここで言いたいのは、「運命を感じさせる」「おしゃべりを促す」など教師が意図を持って「策略」としてミニゲームをさせたり、指示を出したりすることが大切だということだ。

ザワザワしたクラスを落ち着かせるゲームやネタもあるし、どんより重たいクラスを元気にするゲームやネタもある。

やはり、たくさんのネタ数を持っておくことは大切だ。

今どきの子どもたちは本当に多様だ。この子には通用するけど、この子には通用しないネタもある。いや、時間によっても変わる。この時間のこの子には通用するけど、この時間には通用しないなんてこともある。

目的や子どもの様子に合わせるためには、たくさんのネタや指導法を知っておくことが大切だ。

ちなみに言うと、ネタは自分で開発する必要はない。本を買ったり、講座に出たりすれば、たくさんのネタをゲットできる。

誰が開発したか？なんて子どもには関係がない。子どもたちは楽しければいいのである。たとえば、私の代表作『子どもも先生も思いっきり笑える　73のネタ大放出！』（黎明書房）を読めば、73の良ネタがゲットできる。こんな本を15冊も読めば、１０００以上のネタをゲットできる。

開発にはコストがかかりすぎる。どんどん本や講座から学ぼう。持っている手数が多ければ多いだけ、「策略」は練りやすくなる。

# 「ただの大人」を「先生」として認めさせろ

今どきの子どもたちは、同じクラスになったからといって、「仲間」だとは思わない。

また、今どきの子どもたちは、担任になったからといって、即、「先生」だとは認めない。前に立って話している「ただの大人」ぐらいの感覚である。

子どもが担任を「先生」として認めなかったら、大変だ。子どもたちは、担任に刃を向ける。反抗する。当然、学級が成り立たなくなる。

だから、子どもたちに「先生」だと認めさせなければならない。

そうはいっても、子どもたちに媚びを売れということではない。子どもの顔色をうかがって、人気取りをする教師は、認めてもらえない。リーダーとして尊敬できないからだ。

そう、教師は、リーダーである。子どもたちから、リーダーとして認められるだけの尊敬を勝ち取る必要がある。

そのためには、まずは、褒めるという「策略」が有効だ。

子どもたちは、叱られることが嫌いだ。だから、叱ってばかりの教師のことは嫌いになる。

逆に子どもたちは、褒められるのが好き。自分のことを褒めてくれる教師を好きになる。だから、私はとにかく、ひたすら子どもを褒めている。

私の授業を見た同僚が「中村先生は、45分間の授業中に100回ぐらい子どもを褒めてますね」と言ってくれた。100回はさすがにオーバーな気がする。しかし、ものすごい数、褒めているのは間違いない。

「よく子どもを褒めますね」と言われた時の私の答えは決まっている。「言葉はタダですから」だ。半分は照れ隠しだが、半分は本音である。言葉は、本当にタダだ。英語で言うと、フリー。子どもを見てすごい!と思ったら、言葉にして褒めた方が得である。

## 褒めるために必要なのが、子どもを見ること

だ。たとえば、ノート作業である。素速くノートを書かせるためには、取りかかりを見るとよい。素速く書ける子は、取りかかりが早い。逆に遅い子は、いつまでたっても、書き始めない。だから、遅くなるのは、当然のことである。

ノート作業を指示したら、取りかかりを見ておく。そして、「○○くんが一番に書き始めた。速い！」と褒める。すると、その子は、得意げにする。そして、他の子も褒められたくて、すぐに書き始める。このように、

## ポイントを決めて、子どもたちを見るといい。

若手教師の褒め言葉が少ないのは、このポイントを持っていないからだと思う。褒めるためのポイントを拙編著『ホメる！教師の1日』（黎明書房）にまとめてみた。この本を読めば、褒めるポイントをたくさん手に入れることができる。

それなのに、この本は驚くほど、売れていない。『ブラック学級づくり』の10分の1も売れていない。不思議に思うが、世の中、こんなもんだ。思い通りにいかない。だから、人生は面白い。

また、今どきの子どもたちは、承認欲求が実に高い。認められたがっている。そんな承認欲求の高い子どもたちに、褒めるという「策略」は非常に有効に働く。

特に、個別に認められたいという欲求が強いのが、今どきの子どもたちだ。だから、

## 必ず名前を呼んで、褒める。これに、尽きる。

もちろん、「みんな、ピンッと指先が伸びて、手の挙げ方が素晴らしいね！」と、クラス全体を褒めてもいい。褒めないよりは、はるかにマシである。しかし、「○○くん、手の挙げ方が素晴らしい！」と名前を呼んで褒めると、さらに効果的だ。

子どもを見て、よい点があれば、「○○くん、すごい！」「○○さん、やるなあ！」と、とにかく名前を呼んで褒めよう。

子どもたちは、ものすごく嬉しそうにする。そして、やる気になる。そして、教師のことを好きになる。

名前を呼んで、とにかく褒めるという「策略」で、「ただの大人」ではなく「先生」だと子どもたちに認めさせよう。

# 教師は「褒める」ためだけにいればよい

私は、昔、明石家さんま氏のテレビ番組「踊る！さんま御殿!!」（日本テレビ系列）を全て文字起こししたことがある。教育雑誌『授業づくりネットワーク』（学事出版）の依頼原稿を書くためである。

この時の特集は、「テレビタレントに学ぶ教師の話術」。教師の仕事の大半は話すことだ。そこで、教師と同じく話すことを仕事にしているテレビタレントからトークのコツを学ぼうという企画であった。この特集は、当時、『授業づくりネットワーク』の編集代表をされていた我が師匠・上條晴夫氏（東北福祉大学教授）が企画されたもの。上條氏は、本当にセンスのある方だと思う。

ちなみに、私は、さんま氏を選んだ理由として、拙稿の最初に次のように述べている。

教師は、どのお笑い芸人に学ぶべきか？　私は、断然、明石家さんま氏を推す。たとえば、西条昇氏は連載コラム「テレビの泉」の中でさんま氏と島田紳助氏を比べ、こう述べる。（中国新聞06年10月24日掲載）

（さんま氏の番組では）終了後に印象に残るのはアンガールズの田中卓志の兄や叶姉妹らゲスト陣のキャラやエピソードの面白さなのだ。（中略）（紳助氏の番組では）結果的に紳助が一番面白かったという印象が強く残るのだ。

教師ばかりが目立ってもしょうがない。やはり、教室の笑いは、子どもが主役になるべきだ。

お笑いは、「フリ」「オチ」「フォロー」からなる。さんま氏は、「オチ」を出演者に担当させることで、彼らの面白さを引き出している。

（拙稿「やっぱ『さんま大先生』でしょ」『授業づくりネットワーク』２００７年６月号、学事出版）

10年前の私も、いいこと言ってる（笑）。これ、その通り。

私は、正直、さんま氏が好きではない。芸人に必要な「毒」がないからだ。ただ、それ故に教室的だとは思う。教師は、さんま氏から学ぶべきだ。

1時間のテレビ番組を文字起こしするのは、大変な作業であった。しかし、大きな成果があった。それは、

## さんま氏の一番の仕事は、笑うこと

だと分かったからだ。

他のゲストやお客さんが笑っていない時でも、さんま氏は笑っている。

さんま氏に笑ってもらうとは、認めてもらうこと。褒められることと同じである。

自分が何を言っても、大スターのさんま氏が必ず笑ってくれるのだ。こんなに話しやすい状況はない。だから、さんま氏の番組では、ゲストが生き生きと話せるのだ。

私は、教師も同じだと考えている。

## 教師の一番の仕事は、褒めること

なのである。

自分が何をしても、先生が必ず褒めてくれる。そんな状況をつくれば、子どもたちは自信を持って生き生きと活動できるに違いない。

## 教師の一日は、褒めるためにある

のだと心得よう。

そんな思いを持って、前掲書『ホメる！教師の1日』という本を作ったのだ。それなのに、全く売れてない……しつこいか（笑）。

この本に、西山克幸氏が「筆算が苦手な子はスモールステップでホメる！」という実践を紹介してくれている。

たとえば、計算が苦手な子に「25×28」の筆算をさせる時である。

教師は「まず、25×28と書いてみよう」と指示する。そして、書ければ、「書けた。すごい！」と褒める。

さらに、「次に何をしますか?」と聞く。そして、「8×5」と答えれば、「筆算の順番が分かってるね！」と褒める。

次は「8×5は?」と聞く。そして「40」と答えれば、「8の段を覚えていて、すごい！」と褒める。

この後も「40はどこに書く?」「すごい！　位を揃えて書けた！」などと、手順を1つずつ進めて、その度に褒めていくのだ。

確かに、こうやって細かく褒めれば、計算が苦手な子も自信が持てるだろう。そして、計算が少し好きになるだろう。そして、褒めてくれた教師のことも好きになるだろう。

この実践のポイントは、「細かく」だと思う。

若手教師の授業を見ていると、指示が「大ざっぱ」すぎて、よく分からないことが多い。だから、子どもは、どう動けばよいのかが分からない。そして、教師はどう褒めていいのか分からなくなる。まさに、悪循環だ。

それに比べて西山氏の実践は、指示が「細かく」て分かりやすい。だから、子どもは、どう動けばよいのかがよく分かる。そして、教師は褒めるチャンスをたくさんゲットすることができる。

これは、筆算に限らない。筆算は、あくまで一つの例である。たとえば、「教科書31ページの①を指さしたら、立ちなさい」と指示するとよい。そうすれば、子どもは何をすればいいのか分かる。そして、教師は一番早く立った子を「○○くん、早い！　一番乗り」と褒めればよい。さらに「○○ちゃん、2番！」「ここまでがベスト10。仕事の早い人たちだ！」と褒めればよい。

このように、

**「細かく」指示を出し、子どもを「細かく」動かして、「細かく」褒める**

という「策略」が大切だ。

いろんな場面で「細かく」を意識して、「策略」を練ろう。そして、子どもたちをどんどん褒めよう。子どもたちは、たくさん褒めてくれる教師を好きになる。そして、「先生」と認めてくれる。

# 褒めるゴールが見えない教師は叱る資格なし

若手の授業は、とにかく褒め言葉が少ない。少なすぎだ。いや、若手だけではないな。ベテランもだ。

先日見たベテラン教師の研究授業など、褒めることが1回もなかった。いや、叱ることさえなかった。

つまり、教師の評価は、ゼロ。これで、子どもたちがやる気になる訳がない。

子どもたちは、思っているはずだ。

「がんばっても、先生は褒めてもくれない。がんばっても、無駄だ。」

「がんばらなくても、先生は叱らない。がんばらなくても、大丈夫だ。」

教師が評価をしないということは、子どもたちに「サボっていいんだ」と教えているのと同じである。そのぐらい罪深い行為なのだ。

だから、若手の授業は荒れていく。いや、授業だけではない。たとえば、「黙って教室移動をしなさい」と言っておきながら、黙って移動した子を褒めない。しゃべってた子を叱らない。やり直しもさせない。だから、学級は荒れていく。

荒れないためには、教師がきちんと評価する。私の言葉で言えば「フォロー」することが大切なのである。


**教師が指示をしたら、まず、子どもたちを見る。そして、ちゃんとやっている子は、褒める。やっていない子は、叱る。そして、やり直し。**


たったこれだけのことだ。私は偉そうに「フォロー」なんて言っているが、非常にシンプルなことである。だから、このぐらい、やれ！

特に、やり直しをさせることは、学級を成り立たせるために大切な「策略」だ。

ただ、叱るだけで終わるのは、素人のすること。考えて欲しい。何のために叱るのか？

なんのためにやり直しをさせるのか？

子どもたちを伸ばすためである。成長させるためである。つまり、

## 叱る。やり直し→子どもたちが成長する→褒める

という「流れ」である。指導は「点」ではない。こういう「線（流れ）」を意識して指導することが大切だ。

たとえば、宿題の自主学習を適当にやってきた子がいたとする。大きな字で漢字を雑に練習してきているだけ。当然、教師は叱って、やり直しをさせる。

しかし、次の日、その子が自主学習をがんばってきたら、

「えっ!? これ、○○くんの自主学習!? すごい！ 昨日とは見違える充実した内容じゃんか。字も丁寧に書いているし。成長してるねえ。先生、嬉しいよ！」

などと、褒める。

もともと自分に甘く、適当な自主学習をして誤魔化そうとするような子である。その子が一生懸命がんばってきたのだ。教師はそれを見逃してはいけない。

成長をしっかりと褒めるという「策略」は、子どもたちの心に非常に響く。

# 優しいだけの教師は嫌われる

「安心を与える」なんて書くと、何か優しい、甘いイメージがするかも知れない。しかし、私は、

**厳しい指導こそ、子どもたちに「安心」を与えるために、最も大切なことだ**

と考えている。

私が住んでいる岩国市は、米軍基地をかかえている。特に、私が今勤務している学校なんて、米軍基地が目の前だ。米軍基地にはペリースクール（基地内に住む子が通う学校）があるので、校区ではない。しかし、校区の中に米軍基地があるようなものである。

そんな土地柄だから、北朝鮮の動きが怖い。ミサイルの避難訓練も実施した。ミサイルが飛んでくるかも?なんて心配をせずに、「安心」して暮らしたいなあと思う。やはり、身の安全が保障されないと、「安心」できない。

国に必要なのは、国民の安全を守ることだ。その保障なしには、国民は「安心」して暮らすことはできない。だから、国に必要なのは、まずは、治安を安定させることである。

学級も国のようなものである。身の安全が保障されないようでは、子どもたちは「安心」して暮らせない。

だから、教師が厳しい指導で、教室に秩序をもたらすことを子どもたちは望んでいる。一部の「やんちゃ君」たちにクラスを支配され、無政府状態に陥ることなんて、誰も望んではいない。

くり返し言っていることだが、

## 子どもたちは、厳しい先生が嫌いではない。

このことを若手教師は肝に銘じるべきである。

それどころか、

**優しいだけの先生は、子どもから嫌われる。**

誰だって、「やんちゃ君」たちに秩序を壊され、授業が成り立たないなんて状態を望んでいない。誰だって、無秩序になって、いじめがはびこるような状態を望んでいない。

子どもたちは、

**教師の厳しい指導で、教室に秩序をもたらせて欲しいと願っているのだ。**
**秩序の中で「安心」して1年間を過ごしたいと思っているのだ。**

それなのに、若手は、厳しい指導をしない。厳しく叱ることをしない。

その理由は、「子どもたちに嫌われたくないから」。ふざけるな！　そんな甘い根性で、教室のリーダーが務まる訳がない。リーダー失格だ。

子どもたちも、そんな人間をリーダーと認めない。だから、背を向け、反抗的になる。

当たり前のことだ。

**教師は、全てプロである。1年目の若手だろうが、30年のベテランだろうが、関係ない。お給料をもらって、子どもたちの前に立っている以上、プロとして、リーダーとして、学級に秩序をもたらす責任があるのだ。**

少々厳しい物言いになってしまった。しかし、最近、若手教師のプロ意識の低さが、非常に気になる。

プロ意識を持って、全力で学級づくりに取り組もう。厳しく叱ることだって、学級を成り立たせるために必要な「策略」だ。

プロになりきれない甘い考えのままでは、子どもたちは背を向ける。そして、学級は崩壊する。結局、プロになりきれずに辛い思いをするのは自分である。

プロ教師として、「策略」として、子どもたちを厳しく叱ろう。それが、自分を守る術である。

# 始業式でまず、学年全体をシメよ

私が毎年、新年度初日にしていることがある。それは、

**始業式の後、担任した学年を残して、厳しい指導をする**

ことである。

たとえば、次のようにである。今年担任している4年生を例にしよう。少々長くなるが、私の学年指導の様子がよく分かると思うので、具体的に紹介する。

始業式が終わった後、私は4年生の横に立った。そして、

「4年生……起立！」

と号令をかけた。子どもたちは驚いた表情で、私の方を向いて立った。しかし、突然のこ

とだ。当然ながら、子どもたちの反応は遅い。

「君たちは、何年生ですか？」（中村）

「4年生！」（4年生全員が声を揃えて）

「バラバラです。しかも、声が小さい。大きな声で揃えて言いなさい。君たちは、何年生ですか？」

「4年生！」

「今度は、いい声が出ました。さすが、上学年です。君たち4年生は、上学年なのです。声を揃えて、上学年って言います。はい。」

「上学年！」

「そうです。君たちは、上学年。今までの下学年とは訳が違います。全校が集まる場では、1～3年生のお手本にならないといけない。君たちは、何年生ですか？」

「4年生！」

「そうです。4年生は、上学年です。上学年は、もっと素速く立てるはず。座りなさい。先生が『4年生』と言ったら、立つ準備をしなさい。そして、『起立』の『き』を聞いたら、素速く立ちます。では、行くよ。4年生……起立！」

子どもたちは、素速く立つ。そこで、次のように続ける。

「今度は素速く立てました。さすが、上学年！　言われたことが一発でできる君たちは、素敵だね。素晴らしい君たちに拍手～！　君たちは、何年生ですか？」

「4年生！」

「そうです。4年生は、上学年です。上学年は、立っているだけで1～3年生のお手本にならないといけない。立ったら、すぐに『気をつけ』をします。まずは、足。かかとをつけて、足先を開きます。次に手。横につけて、指先までしっかりとエネルギーを送りなさい。そして、目線。斜め45度上を見なさい。おおっ！　きれいな『気をつけ』だ。さすが上学年！　素晴らしい上学年に拍手～！　では、座る。今度は、立ったらすぐに『気をつけ』するからね。4年生……起立！」

子どもたちは、素速く立って「気をつけ」をする。

「君たちは何年生ですか？」

「4年生！」

「そうです。4年生は、上学年です。この立派な態度なら、立っているだけで1～3年生のお手本になっている。本当に立派だよ。カッコイイ！　これからも、こういう上学年らしい態度を続けて、お手本になり続けてね。」

「はい！」

「君たちは、何年生ですか？」

「4年生！」

「そうです。4年生は、上学年です。座っても、上学年として振る舞い続けなさい。4年生……座る！」

子どもたちは、サッと座って、キレイな体育座りを見せた。やはり、新学期はどの子も張り切っているものだ。

「素晴らしい！　さすが4年生、さすが上学年だ！　座っているだけで下学年のお手本になっている。素晴らしい自分たちに拍手～！」

4年生は、他の学年が退場するまで、素晴らしい体育座りで待ち続けた。

私はこんな風に指導して、まずは、学年全体を鍛えるという「策略」に出ている。

くり返しが多く、「しつこい」「くどい」と感じた読者も多いだろう。しかし、しつこく、くり返して徹底しないと、子どもはすぐに忘れてしまう。この「しつこさ」が大事なのだ。

それが分かって欲しくて、指導の様子を全部紹介した。

私の指導は、しつこい。しかし、それでも、子どもたちは最後まで集中して話を聞いてくれる。「しつこい」とは感じていないようだ。それには、実は、コツがある。

コツの1つ目は、スピード。私は、この指導を3分以内で終わらせている。私の早口がイメージできるだろうか？　スピード感があれば、子どもたちは飽きないものだ。

2つ目は、テンポがいいこと。「君たちは何年生ですか？」「4年生！」「そうです。4年生は、上学年です」をくり返している。意識してくり返すと、テンポが生まれる。

ちなみに、このやり取りは、この後も、学年で集まる度にくり返し行う。「お約束」にしてしまうのだ。「お約束」をつくると、簡単に子どもたちを話に引き込むことができる。また、くり返し言わせると、上学年であることを強く意識させられる。

3つ目のコツは、子どもたちを動かしながら話していることだ。たった3分でも、教師が一方的に話すと、子どもたちは飽きてしまう。この例のように、立たせたり座らせたり、声を出させたり。子どもたちを動かしながら話すといい。この辺りの話は、『ブラック授業づくり』を読んで欲しい。

新学期最初は、このようにして学年全体を鍛えるという「策略」がオススメだ。その理由は、……次のページから。CMの後で（笑）。

# 学年全体でムードをつくれ

私は、長い間、体育主任を担当していた。運動会の全校練習は、もちろん私の担当だ。1000人を超える子どもを相手に全校練習をしたこともある。

では、全校1000人とクラス30人、どちらを指導するのが楽だろうか？　実は、圧倒的に全校1000人を相手にする方が楽だ。

特に、荒れた学校の全校指導でこのことを実感した。その学校では、どの学年にも1クラス以上の学級崩壊が起こっていた。それなのに、全校練習になると、子どもたちは真面目に取り組んだ。

「私の指導がいいからだろう」なんて自惚れてもいた。しかし、この学校では、式や全校朝会、集会など、全校で集まる場では行儀がよかったのだ。ということは、決して私の

力だけではない。

そこで、理由を考えてみた。私の考えは、次の通りだ。

たとえば、30人のクラスに3人の発達障害をもつ子がいたとしよう（実際には、もっと多いだろうが）。27対3。24人差である。

それが同じ割合で１０００人集まったら、900対100。800人もの差ができる。

確かに割合は、変わらない。しかし、子どもはムードに従うものだ。900人でムードをつくってしまった方がはるかに楽。発達障害をもつ子も集団に紛れ、目立たなくなってしまう。

もちろん、これは、発達障害をもつ子に限らない。「やんちゃ君」も、冷めた高学年女子も同じだ。集団に紛れ、目立たなくなってしまう。

集団というものは、それだけ力を持っている。

それと同じ理由で、

**クラスを指導するよりは、学年を指導する方がはるかに楽だ。**

そこで、私は、始業式の後、まずは学年全体を指導するという「策略」を取っているのだ。

**学年全体を締めておいた方が、他のクラスを担任する若手への援護射撃になる**

という理由もある。私にとっても、

**最初に「中村先生は、厳しい」というイメージを持たせておいた方が、後の指導がやりやすい**

という理由がある。

始業式の後、学年全体を指導するという「策略」は、若手にとっても、私にとっても優しい。一石二鳥の「策略」なのだ。

特に前年度荒れていた学級を持つ方は、この「策略」を試して欲しい。いきなり学級を指導するよりも、学年を指導する方がはるかに楽なはずである。

# とにかく子どもを突き放せ

3月、あるセミナーで「3（新年度初日から3日目まで）」に必要な「怒鳴るパフォーマンス」を披露した（詳しくは、100ページからを参照）。ザワザワが収まらない時、「うるさい！　黙れ！」と叫ぶのである。

すると、一緒に講座を持った大物実践家2人から猛烈な反発を受けた。

大物実践家いわく、「僕は、あんなことしない」「あんなことしない方がいいと思いますけど」。2人とも、厳しく叱るのは、もっと後。「まずは、母性を優先させる」という点で共通していた。

「母性」とは、子どもを共感的に受容するイメージだ。簡単に言えば、優しさ。

逆に「父性」とは、子どもを冷静に、客観的に見て、正しい方向に導くイメージだ。簡単に言えば、厳しさ。

野中信行氏に「まずは、母性を優先させる」と言った大物実践家たちの話をした。すると、「若手が鵜呑みにしたらどうする」と、お怒りだった。

野中氏は、初任者教育の第一人者だ。そして、「まずは、縦糸を」と主張されている。「縦糸」とは、「教師と生徒の上下関係を基礎とする関係づくり（しつけや返事、敬語、ルールなど）」（野中信行・横藤雅人著『必ずクラスがまとまる教師の成功術！ 学級を安定させる縦糸・横糸の関係づくり』学庸書房）である。「縦糸」と「父性」は、ほぼ同じと考えてよいだろう。野中氏は、「まずは、父性を」と主張されているのだ。

ちなみに、「父性」「母性」と「縦糸」「横糸」は、ほぼ同じ。Q－U（河村茂雄氏が開発された「楽しい学校生活を送るためのアンケート」）でいう「ルール」と「リレーション」も同じかな。学級づくりの本質は、共通している。説明の仕方が異なるだけである。


「まずは、縦糸（父性）を」と言われる野中氏の主張に、私も全く同感だ。極端に言えば、若手教師は、縦糸だけを張れれば、なんとかなると思っている。

子どもと距離の近い若手は、立っているだけで、横糸は張れるだろう。しかし、プロとしての意識を持たないと、縦糸は張れないからだ。

若手が1年間、全く怒鳴らずに学級を成り立たせられるのなら、それでもよい。

しかし、無理だ。はっきり無理だ。

若手は、子どもたちに嫌われたくないので、叱ることを躊躇する。厳しく叱ることをせずに、4月を過ごす。しかし、それで学級がうまくいく訳がない。クラスはザワザワとした状態が続く。そして、にっちもさっちもいかなくなって、ゴールデンウィーク明けに怒鳴る。感情的に怒鳴る。

今までずっと優しくされてきた子どもたちは、思う。「いきなり、何？」「今までは、よかったじゃん」と。裏切られた感じがするだろう。

そして、教師に背を向け始める。そして、学級が壊れていく。

目に見えているストーリーではないか。

若手教師はプロとしての意識を持って、子どもに厳しく接しよう。「まずは、父性を優先させよ！」「まずは、縦糸を張れ！」「まずは、ルールを確立せよ！」

いろんな言い方で言ってみた（笑）。若手教師に上手く伝わっただろうか？

# 全体を突き放しても個々には見逃せ

「父性」と「母性」について述べている。また、「父性」を優先させることの大切さを述べている。

では、私が「母性」を全く大事にしていないか？　実は、かなり大事にする教師だと思う。というか、「父性」だけで教育はできない。もちろん、「母性」だけでも教育はできない。「父性」と「母性」、どちらも演じられなくては、学級を成り立たせることはできないのだ。しかも、バランスよく演じることが必要なのである。私の場合、

集団の大きさで、「父性」と「母性」のバランスを変えている。

たとえば、先ほど紹介した全校練習である。全校練習は、「父性」が強い。1000人を超える子どもたちを統率するには、やはり強い「父性」、強いリーダーシップが必要だ。学年指導も、「父性」が強い。学級全体の指導も、「父性」が強い。

しかし、全校練習よりは学年指導の方が「父性」の割合が少なくなる。学年よりは学級の方が「父性」の割合が少なくなる。

集団が小さくなると、それぞれ、「個」の事情が見えてくる。それに対する配慮が必要になってくるのだ。

## さらに個別対応になると、まさに「母性」が中心になる。

たとえば、私は忘れ物にうるさい。そこで、こんな話をする。

「君たちが大きくなって、仕事を始めたとします。大事な会議でプレゼンする書類を忘れてきたら、どうなります？　下手すれば、クビですよ。君の奥さんも子どもも困る。そうならないためにも、今のうちから忘れ物をしない人間になりなさい。」

また、忘れ物をした子は、授業の最初に謝りに来る約束もある。みんなの前できちんと謝罪し、一喝される。漢字の宿題が倍になるという罰もある。

言い訳も、全く聞かない。言い訳すれば、「先生には関係のないことだ。責任を果たせなかったという結果は、同じ。言い訳をするな」と、さらに一喝される。

そんな厳しい私であるが、個に対しては、対応を考える。

たとえば、以前担任した6年生のAくんである。Aくんは、驚くほど忘れ物の多い子だ。話を聞いてみると、「なくなった」と答えることも多い。

あまりAくんばかりが忘れ物で謝りに来ると、まずい。周りからはAくんが「忘れ物の多い問題児」に見えてしまう。それが、いじめにつながる可能性もある。

そこで、私がコソッと買い与えることにした。しかし、それでも、またなくしてしまう。仕方ないので、家庭訪問の時に、お母さんに忘れ物がないかのチェックをお願いしようと考えていた。6年生で、自分で日課を揃えられないのは、おかしい。それでも、Aくんには無理だと判断したからだ。

しかし、家庭訪問して分かった。Aくんの家は、いわゆる「ゴミ屋敷」だ。どこに何があるのか分からない。これなら、あれだけ物がなくなるのも無理はないだろう。

また、保護者もしっかりされていないのが、よく分かった。忘れ物チェックをお願いしても無駄だろう。私は、そう判断した。

そこで、私は教室にコソッと「Aくんボックス」を用意した。私の机の横に、段ボールの箱を置いたのだ。

教科書、ノートなど、Aくんは家に持って帰らない。「Aくんボックス」から出したり、入れたりする。

当たり前だが、Aくんが忘れ物をすることはなくなった。

私は、こういう「誤魔化す」という「策略」をよく使う。

その子の問題を他の子に見せないために、有効な「策略」だと思うからだ。

これなど、まさに「母性」。「忘れ物は、絶対にダメ」「ダメなものは、ダメ」という「父性」的な対応とは真反対だ。

**学級全体は、「父性」で厳しく指導。個別は、「母性」で優しく対応。**

これが学級をうまく回す「策略」を考える時の、大原則である。

# 給食に踏み込んではならない、コソッと許すが吉

「父性」と「母性」について述べている。ここで、給食指導について話しておこう。給食指導には、「父性」「母性」が大きく関わってくるからだ。

ちなみに、給食は、教師の指導時間だ。それなのに、休み時間と勘違いしている教師がいる。だから、子どもたちも自由時間と勘違いしてしまう。

特に、給食の準備時間が怖い。自分はノートの丸付けなどに専念し、子どもたちをフリーにしてしまう教師が多すぎる。

２００４年に起こった佐世保の事件を思い出して欲しい。女子小学生が友達を殺害したのは、給食の準備時間である。あれなど、子どもをフリーにしすぎた典型だろう。

当たり前すぎることだが、教師は、給食時間も常に子どもを見ることを忘れてはいけな

い。

給食では、協力して配膳すること、マナーを守って食べること、好き嫌いしないことなどなど、たくさんのことを教える。

そんな中で一番、私が大切にしていることは何か？　それは、感謝の心である。

給食は、動物や植物の命をいただいてる。調理員さんに作っていただいている。お母さん、お父さんに給食費を払っていただいている。だから、「いただきます」と言って、感謝の気持ちを持って食べる。

好き嫌いするなんて、問題外だ。好き嫌いは、贅沢病。試しに10日間何も食べられなかったとしよう。どんな嫌いな物でもおいしいはずだ。漫才コンビ・麒麟の田村裕氏の『ホームレス中学生』（ワニブックス）にも何日も何も食べられず、嫌いだった煮魚が好きになったエピソードが紹介されている。

毎日お昼ご飯が食べられるだけで、有り難いこと。「有り難い」＝「ありがとう」と感謝の心を持つべきだ。

私は、こんな考えでいる。そして、それを子どもたちに伝えている。

そんな私だから、残菜（食べ残し）を出すなんて、絶対に嫌だ。そこで、「感謝の心で?」「残菜0(ゼロ)」を合言葉に、毎日、完食を続けている。

この間も私のクラスだけ1学期ずっと残菜0だったということで賞状をもらった。厳しい指導の成果である。

では、私のクラスでは嫌いな食べ物が出た時、どうするか? 実は、「いただきます」の後、コソッと減らしてあげている。

## 給食は、実は、デリケートな問題だ。給食嫌いが学校嫌いにつながり、不登校になられても困る。

もちろん、何とか食べられそうな子には、がんばって食べるように言う。減らしに来た子にも、何とか食べられそうな量にする。

がんばらせることは、もちろん、大切だ。しかし、そこは教師の見極めが大事。学校が嫌いになる程の量は、無理強いしない。

そういえば、昔、千葉県の講座で「白米しか食べられない子がいるんですけど……」と質問を受けたことがある。そんな子に給食を全て食べることを強いるのは無理だろう。間違いなく、その子は学校に来なくなる。

やはり、どの程度ならがんばれるか？　教師が見極め、適切なハードル設定をすることが大事なのである。ハードルは、ちょっとがんばればクリアできるところに設定するのが適切だ。

先に紹介した「感謝の心で？」「残菜0」は、「クラスみんなでがんばって達成しようね」というゆるやかな目標だ。まさに「母性」的。クラス全員一人ひとりが減らすこともなく完食するという「父性」の厳しいものではない。

まずは、少なめにつぐのがコツである。少なめにつげば、減らしに来る子が減る。おかわりに勢いがつくのもよい点だ。それでも、減らしたい子は出る。その場合は、減らすのは、最初に限定する。一旦手をつけてしまえば、他の子が食べられなくなるからだ。

それこそ、せっかくいただいた命を無駄にすることになる。だから、「減らすのは最初」を徹底する。最初に減らしておけば、給食を好きな子が食べてくれる。そうすれば、命を無駄にせずに済む。

個別の給食指導は「母性」でゆるやかにという「策略」で不登校を防ごう。

# 名前を書かせること1つにも三重の「策略」を持て

新年度の最初、私が子どもたちに徹底していることがある。それは、

## 自分の名前を大きく丁寧に書かせる

ことである。

これは、学級づくりの「策略」として、こだわってやる。徹底的にやる。

たとえば、教科書の名前である。私は各教科の授業の最初に自分で書かせる。そのことは学級通信にも載せて、保護者に書かないようにお願いしている。

各教科の授業の最初、教科書を出させる。そして、

「自分の名前は、大きく丁寧に書きなさい。自分の名前を大事にできない人は、自分も友達も大事にできない人です」

と説明する。

そして、教科書に名前を書かせる。名前を書いた子は、立って私のチェックを受ける。もちろん、「大きく丁寧に」と言った以上、「小さく雑に」書いている子はやり直しだ。修正テープを使って、もう一度書かせる。

また、私はプリントやテストなども、名前から丸付けする。「大きく丁寧に」書けていたら、○をする。「小さく雑に」書いている子はやり直しだ。しかも、10回書かせる。

なんのために、名前にこだわるのか？　3つの理由がある。

1つ目は、物事に丁寧に取り組ませるためだ。自分の名前すら丁寧に書かない子は、当然、他のことも雑にやる。くり返し名前の指導をすることで、他のこともきちんと丁寧にするようになることを狙っている。

2つ目は、ゆずらない教師であることをアピールするためだ。名前1つとっても、しつこくくり返し指導される。やり直しさせられる。

子どもたちは思うだろう。「この先生は、厳しい」「この先生は、ブレない。譲らない」

と。子どもたちが怖いのは、怒鳴る教師ではない。譲らない教師だ。そして、ブレない教師をリーダーとして尊敬する。

3つ目は、保護者への宣伝。アピールである。先に書いたように私はテストでも、名前から丸付けする。すると、最初の保護者懇談会で次のように言われることが多い。

「テストで名前から丸付けしてあるのに、驚きました。お陰で、今年は字をすごく丁寧に書くようになって！　ご指導、ありがとうございます。」

このように保護者からは好評だ。リサーチしてみると、保護者は私に「子どものことを細かく見て指導してくれる先生」というイメージを持っているらしい。有り難いことだ。

名前から丸付けする教師はいないらしい。名前のような保護者にも分かりやすい見えやすい細かい部分を指導しているから、そういうイメージが伝わっているのだろう。

まずは、名前を大きく丁寧に書かせよう。そして、それを目に見える形で子どもと保護者にアピールしよう。

プロ教師は、名前を書かせること1つとっても、二重、三重に「策略」を巡らせているのだ。

# 教師が盛り上げたとしても、黙らせろ

「中村先生のクラスは、いつもあんなにテンション高いんですか？」講座の後、参加者にこう聞かれることがある。

答えは、否だ。

私の講座は、大盛り上がりになることが多い。サービス精神が旺盛な私は、参加者の楽しそうな顔が大好きだ。だから、楽しくなってくると、どんどん調子に乗ってしまう。結果、バカ騒ぎになってしまうことが多い。

それでも、参加者のみなさんは、私が説明を始めたら、サッと静かになってくれるではないか。だから、私も安心して、どんどん盛り上げることができるのだ。

しかし、教室では、こうはいかない。楽しいゲームをやって盛り上がり始めた子どもたちの収拾がつかなくなりそうな時もある。

そんな時、私はどうするか？　答えは、簡単。叱るのである。

私の授業を見た元同僚が、

「健ちゃんは、自分から盛り上げるだけ盛り上げといて、『黙れ！』って言うんだよね」

と笑いながら言っていた。

確かに、そうだ。自分では気づいていなかったが、「盛り上がりすぎて収拾がつかないかも」と感じたら、私は叱って制止する。叱って落ち着きを取り戻させる。そして、

「ずっと騒いでたら、ダメだ。思いっきり楽しむ時と黙る時、この2つが使い分けられないなら、楽しいことは一切できない。メリハリをつけなさい」

と言う。

私のクラスでは、実は、黙る時間が非常に多い。

たとえば、発問したら1分、2分などの短い時間を決めて、ノート作業をさせる。その時、私のクラスはシーンとしている。誰一人、しゃべっている子はいない。鉛筆の音だけが教室に響く状態だ。

授業中は、声出ししたり、立ったり座ったり、拍手をしたり、笑ったり、「動」の時間

も多い。

しかし、それ以上に黙って作業をする「静」の時間が多い。

もちろん、授業以外でも、朝自習、教室移動、給食準備、掃除、ランドセルに帰り仕度をする時など、一切音のしない時間が多い。

「朝自習は？」「黙って！　座って！」　「教室移動は？」「黙って！　並んで！」

「（給食）準備は？」「黙って！　10分以内！」　「掃除は？」「まずは、黙って！」

合言葉にも、たくさん「黙って！」が入っている。

いつも騒いでいるクラスは落ち着きがなくなる。逆に音のない沈黙の時間は、クラスに落ち着きをもたらせてくれる。若手教師も、

**「策略」として、誰も一切しゃべらない「静」の時間を多くつくろう。**

そうすれば、落ち着いたクラスができあがる。クラスを成り立たせたければ、いつもしゃべらせていては、ダメなのだ。

# 第2章

# 0・1・3・7・30

## 1年間を生き抜くための
## 30日ブラックプラン

# 学級開きは1ヶ月と心得てかかれ

私は野中信行氏の影響を強く受けている。その中でも、一番好きなのが、「3・7・30の法則」である。野中氏は、処女作『困難な現場を生き抜く教師の仕事術』(学事出版)から、「3・7・30の法則」を提唱されている。

ちなみに、私は野中氏の数々の著作の中で、この本が一番、好き。この本には野中氏の全てが詰まっていると思う。

「3・7・30」とは、4月の新年度初日から「3日目まで」「7日目まで」「30日目まで」のことである。野中氏は「3」「7」「30」に分けて、4月の1ヶ月で学級をどうつくっていけばいいのかを明示している(野中信行著『学級経営力を高める3・7・30の法則』学事出版を参照)。

それまでも、「黄金の三日間」という言葉はあった。私がこの言葉を初めて知ったのは、「教育技術法則化運動」関連の書籍だと記憶している。となると、当時の「法則化」の代表・向山洋一氏が開発された言葉だろうか？

いずれにせよ、

**子どもたちは、4月の新年度最初はとってもいい子。騒がずに先生の言うことをよく聞く。だから、この3日間を大切にして学級づくりをしよう**

ということだ。

私の印象では、この「黄金の三日間」という言葉を頼りに、多くの教師が4月の新年度当初の学級づくりに取り組んできた。もちろん、私も、その一人だ。

そして、「黄金の三日間」を大切にしているのは、今も変わらない。前年度荒れていた学級を担任しても、子どもたちは最初の3日間は、比較的素直である。そして、「今年こそは、がんばろう」という思いを少しは感じることができる。

しかし、前掲書『困難な現場を生き抜く教師の仕事術』で、私は、4月1ヶ月の大切さを知った。4月1ヶ月の大切さを述べたのは、野中氏が初めてではないだろうか？

野中氏が主張されることは、もっともだ。私も、

**わずか3日間で、学級がつくれるはずがない。**
**1ヶ月間という長いスパンで考え、学級をつくった方がいい**

と実感している。野中氏は、本当にすごい方だと心から思う。

野中氏の「3・7・30の法則」に「0」と「1」を加えたのが、中村の「0・1・3・7・30の法則」である。

「0・1・3・7・30」の「0」は、4月の新年度初日を迎える前。そして、「1」「3」「7」「30」は、新年度初日から「1日目」「3日目まで」「7日目まで」「30日目まで」のことである。

「0」では、こうしろ。「1」では、こうしろ。「3」では、こうしろ……と。

ここからは、中村流「0・1・3・7・30の法則」に従って、行うべき「策略」を順番に、そして具体的に述べていく。

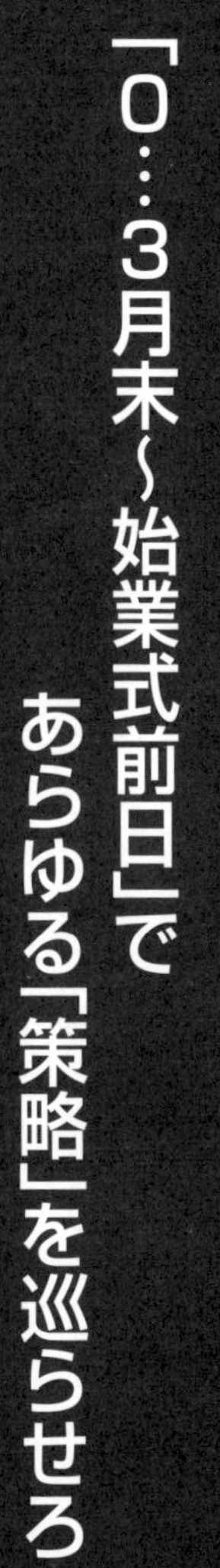

# 「0…3月末～始業式前日」であらゆる「策略」を巡らせろ

まずは、「0」の時間について説明する。「0」とは、3月末から新年度の始業式前日まで。4月の新年度初日「1」を迎える前の時間である。

4月、新しいクラスを持つのが楽しみだろうか？

私は、全く楽しみではない。不安でしかない。正直言えば、逃げ出したくなる。4月の新年度初日を迎える前は、死刑を待つ死刑囚のような心境だ。

私は厳しい現場を四半世紀も生き抜いて来た。
しかし、今年もうまく行く保証なんてどこにもない。

多くの学級崩壊を見てきた。学級崩壊に苦しんで、辞めていくベテランを何人も見てきた。しかも、かなりの力を持った教師たちがだ。

特に、以前勤務した困難校は、ひどかった。毎年、２人ずつの教師が辞めていった。いや、辞めさせられていった。毎年１人ずつ教師を辞めさせるひどい学年もあった。

だから、私は学級崩壊が、怖い。夢に見るほど、怖い。死ぬほど、怖い。

しかし、そんな私だから、一生懸命「策略」を練る。

**「策略」を練ったからといって、学級がうまくいく保証はない。**
**それでも、うまくいく可能性を数パーセントでも上げるために「策略」を巡らせるのである。**

下手したら教師生命を絶たれるかもしれないのだ。まさに、命がけ。私は本当に命をかける覚悟で、４月の新年度を迎える。

それに比べて、「新しい学級を持つのが楽しみだ」と笑顔で言い切る教師がいる。

心からうらやましいと同時に、心配になる。そういう教師は、真剣に「策略」を練らないからだ。

「今年もなんとかなるだろう」ぐらいに簡単に考える。そして、４月の始業式を迎える。何の「策略」も持たずにだ。

大学を卒業したての若手も「策略」を持たずに現場に出る。

彼ら彼女らの中には、怖いと感じている者もいる。しかし、「策略」の持ち方が分からない。どんな「策略」を持てばいいのか？全く分からないのだ。

仕方ないことではある。大学で教えてくれないからだ。大学では、授業の仕方は教えてくれる。しかし、学級づくりの仕方は、全く教えてくれない。

これ、何とかならないか？　だから、新採1年目の若手教師が多く辞めていくのだ。現場で通用するだけの力を身につけて現場に出るシステムはつくれないものか？　全国の偉い人達にお願いする。本気で検討して欲しい。

今は、クラス分けが発表されて、子どもたちが教室に入れば、学級が成り立つという時代ではない。

子どもたちは、ただ、集まっているだけ。

このただ、集まっているだけの子どもたちをどうやって集団、クラスにしていくか？

その学級づくりの「策略」が必要なのは言うまでもない。

また、教師も、担任になっただけでは、「先生」として認めてもらえる時代ではない。

教師は子どもたちにとって、教室の前に立っている「ただの大人」である。

この「ただの大人」をどうやって、「先生」として認めさせていくか？　その学級づくりの「策略」が必要なのは言うまでもない。

4月は、大変忙しい。


「策略」を練らないベテラン教師や「策略」を持たない1年目の若手教師も、忙しさの波に飲み込まれてしまう。

4月の新年度が始まってから、「策略」を練ろうとしても、時間がないのだ。


では、彼ら彼女らはどうするか？　思いつきでその場しのぎの学級づくりをしてしまう。

厳しい現場で、その場しのぎ、その日暮らしの学級づくりがうまく行く訳がない。

今の学校現場は、そんなに甘い世界ではない。こんな適当なことをしていたら、まさに命取りになる。

これは、単なる喩えではない。学級崩壊を起こして、自殺。なんて、本当に命を失ってしまうことにもなりかねない。

きちんと「策略」を巡らせないと、学級が成り立たないのは明らか。それなのに、4月の新年度が始まってから、「策略」を練ろうと思っても、そんな時間はない。

だから、4月の新年度が始まる前の「0」の時間に、きちんと「策略」を巡らせておく必要がある。

## 「0」の時間が、学級が成り立つかどうかの分かれ道だ

と言っても、過言ではない。

「0」の時間で「策略」を巡らせて「1」を迎えることが本当に大切だ。

## 「0」で子どものウソにブレない自分をつくれ

現場は、「超」具体的である。

たとえば、給食指導1つとっても、「給食当番は何人でする？ 誰がする？」「配膳は、どういうシステムでする？」「給食を食べる時、席はどうする？」「給食を減らそうとする子には、どう対応する？」「おかわりはどうする？」「後片づけはどうする？」などなどと具体的に考えておく必要がある。

大学を出たての新任教師も同じだ。大学では給食の量の調整の仕方など教えてくれなかっただろう。しかし、子どもたちは聞いてくる。

「先生、この野菜、苦手なんで減らしてもいいですか？」

ここで、「え!? 今までどうしてた？」なんて、子どもたちに聞くのは、最低の行為だ。

子どもたちは、言うだろう。

「前は、自分で好きなだけ減らしてよかった。」

これは、事実ではない可能性が高い。いや、事実だとしても、従うのはまずい。それなのに、

「じゃあ、そうしようかな」

なんて解答はアウトである。学級づくりは、ゲームオーバー。子どもたちは、「この先生、何にも知らない」という印象を持つ。そして、自分たちの思い通りに動かそうとする。

こんなことをしていたら、子どもたちは間違いなく聞きに来る。

「先生、シャーペンを使ってもいいですか？　前の先生はＯＫだったけど。」

これは、はっきりウソだ。しかし、子どもたちはウソをついてでも、自分たちの要求を通そうとするようになる。

子どもたちの言いなりになっては、ダメ。なってしまっては、学級崩壊への道を一直線に進むしかない。

そうならないためには、どんな些細なことでも、子どもたちに聞いてはいけない。子どもに聞かなくて済むように、「０」でしっかり「策略」を巡らせておくことが大切なのだ。

「給食当番は、10人。クラスを3つのグループに分けて、順番にする」

「配膳は、給食当番がついで、クラス全員で協力して配る」

「給食を食べる時は、楽しく会話できるように班にする。ただし、うるさくなったら、前を向いて黙って食べるという約束をしておく」

などなど。給食一つとっても、きちんと決めておかないといけないことは多い。

もちろん、これは、給食に限らない。子どもたちが朝来てから、帰るまで。全ての事柄について、教師が明確な答えを持つことが必要だ。

まずは、3月。終業式が終わったら、次のクラスに向けて、自分なりのルールを考えておく。学校が決まったら、その学校の状況やルールに合わせて、「策略」を決める。また、学年クラスが決まったら、その子たちの状況に合わせて、「策略」を変える。そして、

## 「0」の時間でブレない自分をつくっておくことが大切だ。

子どもにつけいる隙を与えないぐらいの完璧な「策略」を持って4月の新年度初日を迎えよう。それが、厳しい現場を生き抜く術である。

# 「1…新年度初日」で子どもを教師の虜にせよ

続いて、4月の新年度1日目、「1」の時間の「策略」を述べる。

**「1」は、ツカミの時間である。**

**「この担任の先生でよかった」と、子どもたちを虜にしてしまうのだ。**


そのためには、楽しいネタを連発する「策略」が有効だ。

しかし、4月の新年度初日は、忙しい。私が勤務する学校など、クラスで使える時間は1時間しかない。

しかも、教科書を配らないといけない。たくさんのプリントを配らないといけない。下手をすると、初日は配り物だけで終わってしまいそうである。

だから、私は分刻みの細かいスケジュールを立てる。たくさんのプリントは机の上に配っておく。そして、

## なんとか時間を捻出して、ミニネタを連発する。<br>4月の新年度初日は、10ぐらいのネタをする。

たとえば、教室には、女性の先生の絵を描いてもらっておく。吹き出しには「楽しいクラスにしたいわ♡」と書いてもらう。

毎年だいたい、同学年の若い女性の先生に頼む。絵や文字から、若い女性の先生のクラスのイメージが子どもたちに伝わるようにするのである。

クラス分けの表を見て、教室に入って来た子どもたちは思うようだ。「このクラスは、女の先生だな」と。子どもって、本当にちょろい。

そして、始業式。校長から担任が発表される。

「4年3組……中村健一先生。」

「えっ!?　男？」子どもたちの驚く表情がたまらない。

そして、教室に帰ると、「先生、俺、絶対女の先生だと思ってた」と笑顔で話しかけに来る。まさに私の罠にはまった状態である。

これなど、授業時間を全く使わずにできる良ネタだ。女の先生は男の先生でやってみるといい。「ミスターX」など、謎の人物にしても面白い。

私の自己紹介も工夫する。

「校長先生から発表があったけど、先生のフルネームを言える人、いる？」

「中村健一先生。」

「すごいね！　もう覚えてくれたんだ。でもね。先生のフルネームはもっと長いんだよ。中村健一は、松本潤さんが名前を縮めて『マツジュン』って呼ばれているようなものだ。」

ちなみに、私は「元・嵐のメンバーだ」と言い張っている。また、「マスコミが騒ぐとまずいから、他の人には絶対に内緒」とも言っている。これも、子どもをツカむネタ。

私のフルネームは、黒板に書きながら説明する。

「『な』んて素敵で『か』っこいい『む』ら一番で『ら』イバルはいない『けん』かも強くていい男『ち』ょっぴりお茶目。でも、長いから、みんな縮めて『中村健一』って言ってるんだよ。」

長いフルネームに子どもたちは笑顔になる。

「担任の先生のフルネームだから、覚えられるよね？　みんなで一緒に言ってみよう。」

こう言って、クラスみんなで声を揃えて、フルネームを言わせる。ちなみに、これは、一斉音読を鍛えている側面もある。

フルネームを何度も音読させ、少しずつ消していく。最後には、黒板に何も書いていない状態だ。

「では、黒板をよく見て、言ってごらん。」

子どもたちから笑いが起きる。それでも、何も書かれていない黒板を見ながら、私の長いフルネームを言ってしまう。子どもたちは、「言えた！」と満足の表情だ。

4月の新年度初日、学校から帰って来た子に、

「どんな先生だった？」

と保護者は聞くものだ。子どもたちは、

「名前の長い先生だよ」

と答えることだろう。そして、得意げに保護者に長いフルネームを教えるに違いない。親

子の会話は弾み、保護者にも「今年の先生はなんか楽しそう」という印象が与えられる。そして、子どもも保護者も「この1年間は楽しくなりそうだ」と希望を持つことだろう。明るい未来を描けるのだ。

もっとも、このネタ。一度苦情を受けたことがある。

「この子はいつも学校の話をする時に、先生のフルネームを言うんですよ。うっとおしくってしょうがないので、やめさせてください。」

まあ、苦情というか、笑い話でしてくださったのでOKかな。

これが4月の新年度初日、何の「策略」も持たず、ただプリントと教科書を配るだけで終わってしまったらどうだろう。

「どんな先生だった?」

「プリントを配る先生だったよ。」

こんな回答しかできないようでは、最悪である。子どもも保護者も、これから始まる1年間に楽しい未来を期待できない。どうしても、暗い未来を描いてしまう。

時間のない4月の新年度初日は、「策略」を巡らせないと、子どもたちの心をつかむことはできない。

#「1」で子どもを褒めず、いつ褒める？

「1」（4月の新年度初日）の仕事は、楽しいネタを連発することである。しかし、

**「1」には、もう1つ仕事がある。それは、子どもたちを褒めることだ。**


今どきの子どもたちは、承認欲求が強い。子どもたちは、自分のことを褒めてくれる教師を信頼する。そして、好きになる。

だから、私は初日から、子どもたちを褒めて褒めて褒めまくる。

たとえば、先に紹介した「黒板に女性の先生の絵を描く」ネタである。

同僚の女性の先生にお願いして、絵の横に「※出席番号順に座っておいてね♡」と書い

てもらう。もちろん、ハートマークは忘れない。そして、簡単な図もかいてもらう。

新年度初日の子どもたちは、がんばるものだ。間違いなく出席番号順に座っている。そこで、私は自己紹介の後、次のように言う。

「『出席番号順に座っておいてね♡』って書いておいたけど、さすがに書いただけじゃできないよね。1番、手挙げて。2番、3番……30番。できてるじゃん！　すごい！　○年○組は、すごいクラスになりそうだね！　素晴らしい自分たちに拍手～！」

褒められた子どもたちは、ものすごく嬉しそうにする。

下駄箱やロッカーには、出席番号を書いたシールを貼っておく。子どもたちは自分の出席番号に靴やランドセルを入れる。これも、褒めるチャンスだ。

「計算ドリル①をしてね♡」と黒板メッセージで朝自習を指示することもある。もちろん、「黙って座ってしてね♡」と書いておく。朝自習などは、最初が肝心だからだ。

新年度の子どもたちはがんばるものだ。計算ドリル①をちゃんとやっていたら、褒める。黙って座ってできていたら、褒める。

私は、こうやって、褒めるチャンスがたくさんできるように仕掛ける。特に、4月の新年度初日には、たくさんの仕掛けを用意する。

## 褒めるためのエサをたくさん蒔いている

と言っていい。

もちろん、個別に褒める機会もたくさんつくる。「名前を呼んで、個別に褒める」という「策略」が最も有効なのは、第1章の32ページで述べた通りである。

そのためには、褒めるポイントをたくさん用意しておくといい。たとえば、「気持ちのいい挨拶ができるのは誰かな？」と見ておく。

「大きな声で返事できるのは？」

「『教科書を持ってきてくれる人？』と言った時に進んで手伝ってくれるのは？」

「教科書に書いた名前が丁寧でキレイなのは？」

「よく笑って、笑顔が素敵なのは？」

こうやって、ポイントを決めておくと、子どものよいところがたくさん見つかる。

若手教師は、子どもが見えない。だから、先にポイントを決めて子どもを見ることをオススメする。どんな場面で子どもを褒めることができるか？　たくさん書き出しておくといい。

ただ、思いつくポイントは、我々ベテランより少ないかな。そこで、前掲書『ホメる！教師の1日』を読むなどして、

## 褒めるための引き出し（ポイント）を増やしておくことが大切だ。

もちろん、決めたポイント以外でも、子どもたちのよさをどんどん見つける。

「Aくんは、私の話を聞いてよく笑うな。教師の話をよく聞く子だな。」

「Bさんは、プリントの枚数が足りない時、先にプリントを後ろに回して取りに来た。優しい子だな。」

「Cさんは、Dさんが鉛筆を落とした時、拾ってあげてたな。Dさんは、『ありがとう』とお礼を言ってたな。」

「Eくんは、落ちているゴミを拾って捨ててくれた。よく気づく子だな。進んで働ける子だな。」

そして、気づいた子どものよさは声に出して褒める。

**せっかく気づいたのだから、声に出して褒めよう。声にしないと子どもたちには、届かない。声にしないのは、もったいなさすぎる。**

名前を呼んで褒めると、子どもはとっても嬉しそうにする。そして、褒めた教師を信頼する。そして、好きになる。

学級通信で名前を出して褒めると、さらに有効だ。言葉で褒めることの100倍の効果があると言っていい。

学級通信は、必ず読み聞かせることが大切。配っただけでは、子どもたちは読まない。読み聞かせれば、クラスみんなの前で褒められる。持って帰れば、お母さんやお父さん、に褒められる。友達のお母さんから褒められるかも知れない。

学級通信は、褒めるための「武器」として利用するといい。学級通信で褒めると、子どもたちの心にしっかりと届く。

4月の新年度初日から、子どもを褒めるための「策略」を巡らせよう。

子どもをつかむため、「1」の仕事として、とっても大切なことである。

# 「3…新年度3日目まで」で秩序をつくり身の安全を保障せよ

「1」(4月の新年度初日)は、ツカミの時間である。楽しいネタを連発する。また、子どもたちを褒めて褒めて褒めまくる。そして、子どもたちの心を鷲掴みにして、虜にしてしまう。だから、叱ることもしない。それに対して、

**「3」(新年度3日目まで)は、秩序をつくる時間である。**

子どもたちは、秩序の中で安全に暮らしたいと思っている。身の安全が保障されれば、「安心」できるからだ。

そこで、秩序をつくるために「3」でする仕事が2つある。

## 「3」の仕事の1つ目は、学級の柱となるルールを3つ決めることである。

もちろん、朝学校に来てから帰るまで、学級には無数のルールがある。しかし、子どもたちが確実に覚えられるのは、3つまで。そこで、3つに絞って子どもたちに徹底する。

「中村先生は、楽しいけど、厳しい先生だからね。当たり前のことは、当たり前にしてもらいます。」

まずは、子どもたちにこう宣言する。真剣な表情をして、落ち着いた低めのトーンで話す。教師には、こういう演技力が必要だ。私の真剣な表情に引きずられて、子どもたちも真剣な表情で聞いてくれる。

「特に、挨拶、給食、掃除については、厳しく徹底します。全員、起立！　先生が厳しく徹底する3つは何ですか？　小さな声で隣の人に言えたら、座りなさい。」

教師が一方的に語っても、子どもたちには、徹底しない。こんな風に動きを入れ、確認しながら話を進めていく。

「座れた人は、話をよく聞いていた人たちだね。立っている人たちに教えてあげて。先生が厳しく徹底する3つは何ですか？　セーノ。」

「挨拶！　給食！　掃除！」

座っている子どもたちは、得意げに声を揃えて言う。

「立っている人？　さすがに分かったよね。隣の人に3つ言えたら、座りなさい。」

それでも座れない子がいれば、次のように言う。

「せっかく友達が教えてくれたんだから、覚えなさい。覚えられない人は、友達を大事にしていない証拠だ。座っている賢い人、もう1回だけ教えてあげて。先生が厳しく徹底する3つは何ですか？　セーノ。」

こうやって、全員座れるまで続ける。そして、全員が座れれば、さらに確認する。

「全員が覚えてくれたね。では、言ってみよう。先生が徹底する3つは何ですか？　セーノ。」

「挨拶！　給食！　掃除！」

「全員で言えたね！　クラス全員一人残らず覚えるなんて、なかなかできないよ。やっぱり○年○組は、素晴らしいクラスだね！　素晴らしい自分たちに拍手～！」

最後は、フォローも忘れない。

「先生が徹底する3つは何ですか?」の確認は、毎日する。1日何回もする。

私の指導は、本当にしつこいと思う。読者も読んでいて、同じことのくり返しだったので、退屈だったかも知れない。しかし、このしつこさが大事なのだ。そこで、中村がどのぐらいしつこいか? それを伝えたいために、くり返しなのを承知で書いた。


**子どもは、すぐに忘れる。それが子どもたちの特性だ。**

若手は、この特性を理解した方がいい。だから、

**子どもたちに忘れさせないためには、教師のしつこさが必要なのだ。**


さらに、しつこく確認しながら指導を続ける。

「全員、起立! 先生が徹底することの1つ目は何でした?」「挨拶!」

「挨拶のポイントは、『自分から!』『大きな声で!』です。声を揃えて、言ってごらん。

挨拶は?」

「自分から！　大きな声で！」

「今日の朝の挨拶をふり返ってごらん。朝、教室に入って来た時、中村先生に『自分から！』『大きな声で！』できた人、座る。座った人は、教える前から素晴らしい挨拶ができたんだね。これって、すごいこと。素晴らしい挨拶ができた人たちに拍手～！」

座っている子たちは、嬉しそうにする。さらに、クラス全員に聞く。

「挨拶のポイントは、何でしたか？　挨拶は？」「自分から！　大きな声で！」

「明日からできるという人は、座りなさい。」

そして、次の朝からは、朝の挨拶の後、次のようなやり取りをくり返す。

「全員、起立！　挨拶は？」「自分から！　大きな声で！」

「今日の朝、教室に入って、『自分から！』『大きな声で！』中村先生に挨拶できた人、座る！」


ポイントを確認する。そして、できていれば、褒める。できていなければ、叱る。

これをひたすらくり返す。

4月は、毎朝やる。その後も、「挨拶ができなくなってきているな」と感じれば、やる。

**私は、とにかくしつこい。しかし、子どもは忘れる。このしつこさが大事なのだ。**

給食、掃除についても、同じようなやり取りをくり返す。

まずは、合言葉にして、「フリ」を明確にする。子どもたちが、どう動けばいいか？はっきりと分かるようにするためだ。

給食の合言葉は、次の3つ。

「準備は？」「黙って！　10分以内！」　「感謝の心で？」「残菜0（ゼロ）！」

「時間内に？」「完食する！」

掃除は、最初は次のような合言葉にすることが多い。

「掃除は？」「まずは、黙って！」

そして、必ずできたかどうか？「フォロー」（評価）する。何事もそうだが、やらせっぱなしでは、子どもはやる気にならない。きちんと評価してやることが大切だ。

クラスのルールといっても、そんなに難しいことではない。挨拶、給食、掃除、こんな

「当たり前」のことを「当たり前」にさせることが大事なのだ。

学級づくりは、日常である。日常に派手さはいらない。こういう地味なことの積み重ねこそが、大事。

想像してもらえば、分かるだろう。掃除だけ全力でがんばって、授業はぐちゃぐちゃ。そんなクラスはあり得ない。

掃除を全力でがんばるクラスは、授業にも全力で取り組む。だから、「当たり前」のことを「当たり前」にさせるのが大事なのだ。

**「当たり前」のことを「当たり前」にさせる。そんな地味な「策略」こそが、学級を成り立たせるために最も大切なことである。**

若い頃は、誰もやったことのないような派手な実践に目を奪われるのかもしれない。

しかし、しっかりと地面に足をつけた堅実な実践をした方がいい。学級づくりは、地味な日常の積み重ねなのだ。

#「3」で悪くなくても怒鳴れ

「3」(新年度3日目まで)の仕事は、もう1つある。

**「3」の2つ目の仕事は、「怒鳴るパフォーマンス」をしておくことだ。**

くり返しになるが、若手教師に口を酸っぱくして言っておく。

**子どもたちは、厳しい教師が嫌いではない。**

だから、「3」の時間で「怒鳴るパフォーマンス」をして、厳しい教師であることをアピールする。厳しい教師を求めている子どもたちにとって、この「策略」は有効だ。

それなのに、子どもたちを叱れない教師がいる。理由は、子どもに嫌われるから。ふざけるな！　プロ失格だ。しかも、現実は、逆だ。

## 叱らない教師は、間違いなく子どもたちから嫌われる。

そりゃそうだろう。やんちゃ君が授業妨害しても、叱らない。いじめが起きても、叱らない。

そんな教師を子どもたちが求めている訳がない。そんな教師だったら、不安で仕方ない。

そんな人間を子どもたちが「先生」として認めるものか。

子どもたちは、厳しく叱って、秩序をつくってくれることを望んでいるのだ。また、秩序の中で「安心」して過ごしたいと思っているのだ。

だから、厳しく叱って、秩序をつくってくれるリーダーを求めている。厳しく叱って、秩序をつくってくれる教師を信頼する。

叱るのは、早い方がいい。たとえば、ずっと怒鳴らずに優しい教師を演じている若手がいたとする。当然、教室は荒れていく。そして、にっちもさっちもいかなくなって、ゴールンデンウィーク明けに怒鳴る。感情的に怒鳴る。

子どもたちは、「優しい先生だと思っていたのに……」と裏切られた感じがするだろう。そして、教師に背を向け始める。

若手教師の失敗パターンの典型である。

だから、私は、若手教師に「3」で、必ず怒鳴っておけと言っている。どうせ、若手教師が1年間怒鳴らずに過ごすことなんて、できっこない。

どうせ怒鳴るなら、早い方がいい。感情的にならない時の方がいい。


**早めに怒鳴っておくことは、クラスを1年間持たせるための大事な「策略」だ。怒鳴ることも、パフォーマンスとしてできるのがプロ教師なのだ。**

私なら、わざとザワザワする雰囲気をつくっておいて、怒鳴る。適当なイチャモンをつけて、怒鳴る。しかし、若手はそんなことしなくても大丈夫だ。「怒鳴るパフォーマンス」のチャンスはすぐに訪れる。

たとえば、ゲームの後である。４月の新年度の最初、１日目や2日目の子どもたちは、とってもいい子だ。楽しいゲームをしても、終わればサッと静かになるだろう。しかし、「３」日目ともなれば、気が抜けてくる。楽しいゲームをした後に、ザワザワが収まらない時があるはずだ。

まさに「怒鳴るパフォーマンス」の絶好の機会である。そんな時は、

「うるさい！　黙れ！」

とクラス全体を怒鳴る。一瞬でクラスが静かになるぐらいの迫力で怒鳴る。

ここで大事なのは、全体に対して怒鳴ることだ。個人を怒鳴っては、絶対にダメ。

というか、叱ることも、全体がいい。個人を叱るのは、子どもの特性を見抜いてから。

または、信頼関係ができてからである。私は毎年、叱られ役の子をつくっている（『ブラック学級づくり』57ページを参照）。

**教師はプロとして、一瞬でクラスを鎮めるぐらいの迫力のある怒鳴り方ができないといけない。「先生は怒ってるんだ」と子どもたちに伝わる演技力が必要なのだ。**

ちなみに、迫力と言葉は関係ない。私は「黙れ！」と言うが、これはキャラの問題。たとえば、若い女性の先生に「黙れ！」なんて汚い言葉は使って欲しくない。「黙りなさい！」「静かにしなさい！」で十分だ。

言葉よりは、迫力が大切だ。全身全霊を込めて、怒鳴ろうではないか。教室が一瞬でシーンとなるぐらいの怒鳴り方ができないと、クラスを成り立たせるのは難しい。

現場に出る前の学生に「怒鳴るパフォーマンス」の話をすることがある。そして、実演させる。

ある時、かわいらしい女子大学生から、次のような質問を受けた。

「中村先生、怒鳴ってみせることの大切さはわかりました。でも、私は生まれて一度も人を怒鳴ったことがありません。どうすればいいですか？」

当たり前だ！　私だって、生まれてこの方、私生活で人を怒鳴ったことはない。もちろん、「うるさい！　黙れ！」なんて言ったことないに決まってる（笑）。

それでも、私はプロだから、怒鳴る。「うるさい！　黙れ！」とも言う。全身全霊で怒っているように演技することもできる。

特に、この質問をした女子大学生なんて、本当にかわいらしい容姿だ。しかし、教師にとって「かわいらしい」は、実はハンデである。言い方は悪いが、子どもたちになめられてしまう可能性が高い。

私は実は、小さい。でも、思春期も含めて、背の低さにコンプレックスを持ったことはなかった。しかし、困難校に行って、生まれて初めてこの体格を恨んだ。正直、もっと威圧的な容姿なら、楽にクラスが回せるのになと思ったのだ。

親友・土作彰氏など、立っているだけで相手を威圧できる。野中信行氏が「立っているだけで縦糸だ！」と評する男だけのことはある（「縦糸」については、55ページを参照）。教師としては、ああいう容姿に生まれたかったとつくづく思う。

しかし、このかわいらしい女子大学生や私のように小さい人間は、演技力で迫力を補うしかない。プロとして、迫力をもって怒鳴り、一瞬で子どもたちをシーンとさせようではないか。

「3」日目までの早い時期に「怒鳴るパフォーマンス」をしておこう。若手教師がクラスを1年間持たせるためには、大事な「策略」である。

怒鳴ることもパフォーマンスなのだ。

# 「7」…新年度最初の1週間」でがっちりルールを縛れ

「7」（新年度が始まって1週間）までにしておくのは、

**子どもたちが、朝来てから、帰るまで。**
**「7」までに学級で過ごすために必要な1日のルールを全て決める**

ということである。

学級には無数のルールが存在する。たとえば、私の学級の子どもたちが、朝学校に来て、どう過ごしているか紹介しよう。

・学校に来たら、かかとを揃えて靴を下駄箱に入れる。

・教室に入る時は、先生に「自分から！」「大きな声で！」挨拶する。
・ランドセルから最初に漢字ノートを取り出して提出する（私が職員朝会までに漢字ノートの丸付けを終わらせるため）。
・集金があれば、必ず先生に手渡しする。
・自主勉強ノートと計算ドリルノート、日記帳は、配膳台の上に置く。
・他の提出物は、黒板に書いてある指示通りに、箱に分けて入れる。
・提出物を全て出し終わったら、ランドセルを片づける。トイレなどはその後で行く。
・係は、窓を開ける。日直は黒板に今日の日課を書く。
・8時10分までには、席に着く。着いていなければ、遅刻。
・朝自習は、「黙って！」「座って！」する。
などなど。今思いつくだけでも、私の学級には朝自習までだけでも、実にいろいろなルールがある。

さらに、朝の会は？　健康観察は？……と1時間目が始まる前だけでも、まだまだ多くのルールがある。

もちろん、授業にもルールがある。休み時間、給食や掃除にもルールはある。帰る時にもルールがある。他にも日直や係のルールもある。

1日を通すと、ルールの山に囲まれて暮らしているようだ。しかし、

**それらのルールを全て「7」日目までに決めてしまう。**

**そして、子どもたちが迷うことなく1日を過ごせるようにする**

ことが大切だ。

「7」の時間までに全てのルールを教えてしまわないと、クラスはなかなか軌道に乗らない。全てのルールが決まらない無秩序な状態を続けてしまっては、子どもたちが「安心」して暮らせないからだ。

今どきの子どもたちは、不安を抱えている。「このクラスで大丈夫かな」と常に心配している。不安な中では、なかなか自分が出せない。

そんな子どもたちに早くルールを教え、秩序を与えることが必要で重要だ。そうすれば、子どもたちは「安心」して、自分の持っている力を発揮できる。

しかし、そうは言っても、「7」という短い時間で全てのルールを決めることは、なか

なか至難の技だ。

そのためには、「0」で必要なルールを決めておく必要がある。また、「0」で、どんな順番で、いつ教えるか？ 「策略」を巡らせておく必要がある。

思いつきで気になったルールから教えてはダメだ。それでは、「7」で全てのルールを教えられない。また、思いつきで適当なルールを決めるのもダメ。度重なるルール変更は、子どもたちを不安にする。

## 「7」という短い時間で1日全てのルールを教えてしまうためには、非常に緻密な「策略」が必要なのである。

くり返しになるが、学校現場は忙しい。「1」や「3」や「7」に緻密な「策略」を巡らせる時間はない。

やはり、「0」の時間で「策略」を巡らせておくことが非常に重要なのだ。

学級を成り立たせたければ、「0」でしっかりと「策略」を巡らせる。そして、「7」で子どもたちが1日をどう過ごすのか教えてしまう必要がある。

# 「7」でルールは合言葉にして覚え込ませよ

「3」でクラスの柱のルールを合言葉で徹底する方法を紹介した。

「7」で教えるルールもできるだけ合言葉にするといい。たとえば、私のクラスには、次のような合言葉がある。

「朝自習は？」「黙って！　座って！」

「教室移動は？」「黙って！　並んで！」

「姿勢いいとき？」「グーペタピン」

「授業のはじまり？」「チャイムと同時」

「お話聞く時？」「手はおひざ」

などなど、たくさんある。合言葉でなくても、

「次の時間の準備をして席を立つ」

などは、授業の最初に声を揃えて必ず言わせている。

## 子どもたちにルールを覚えさせるために、合言葉にするという「策略」は有効だ。

合言葉にすると、端的にせざるを得ない。あれもこれも、言えなくなるのだ。

その分、子どもたちがどう動けばいいのかが分かりやすい。また、教師も誰がちゃんとやっていて、誰がやっていないのかがよく分かる。

こうやって「フリ」を端的にすることは、非常に大切だ。

そして、大切なのが「フォロー」。子どもたちに「フリ」をする。子どもたちが、その「フリ」に従って動く。これが「オチ」。そして、その「オチ」を評価する「フォロー」が必要なのだ。

「フリ」「オチ」「フォロー」の原則を使えば、教育を非常にシンプルに捉えることができる。頭の悪い私には、難しい理屈は分からない。シンプルが一番だ。

「教室移動は?」「黙って！　並んで！」と言った以上、必ず「フォロー」する。

たとえば、理科室に移動した後である。

「全員、起立！　教室移動は？」

と聞く。子どもたちは、

「黙って！　並んで！」

と答える。

「黙って、並んで教室移動できた人、座る。」

こう言って、全員が座れれば、褒める。座れない子がいれば、当然、叱ってやり直しである。


**特に「やり直し」をさせることが非常に大切だ。若手教師は「やり直し」をさせないからクラスが荒れていくと言っても過言ではない。**

きちんとフォローして、クラスのルールを徹底していこう。

# 「30…新年度1ヶ月」さぼる子にしつこさで勝て

「30」（新年度が始まって30日、4月の1ヶ月）でしておくことは、次の通りだ。

**「30」で「3」や「7」で決めたルールをくり返し指導し、徹底する。**

「3」や「7」でルールを決めた。しかし、決めただけで、子どもたちがルールを守るはずがない。くり返し指導し、徹底する必要がある。

それは、なぜか？　子どもたちには、次の特性があるからだ。

**子どもたちは、放っておくと、楽な方へ楽な方へと逃げてしまう。**

この意見に反対の方はいらっしゃるだろうか？

いらっしゃるとしたら、その方は、間違いなく現場の教師ではない。現場を知らなすぎる、子どもを知らなすぎる大学の先生の意見だろう。

「子どもは善」「子どもは天使」というラベルで物事を見てはいけない。まあ、大学の先生はいいのかな。彼ら彼女らは、頭で物事を考える人種なのだから（笑）。

しかし、我々現場教師は違う。理想で子どもを見ていない。見ているのは、現実だけ。理想だけを手掛かりに教育をすると、痛い目に合う。大切なのは現実だ。現場の教師に必要なのは、現実を見て手を打つことだけである。

現実を見ると、残念ながら（別に残念だとは思っていないが）子どもたちは放っておくと、楽な方へ楽な方へと逃げてしまう。たとえば、掃除中にしゃべりだす。下駄箱にかかとを揃えずに入れ始める。挨拶も自分からしなくなる。大きな声でしなくなる。

放っておくと、いろんなことができなくなってしまうのだ。それが、子どもというものである。

しかし、それを絶対に許してはいけない。教師が一旦、こうだと決めたことは、

**あきらめず、しつこく、くり返し指導する。**
**決めたルールを貫徹することが大切だ。**

まずは、「貫徹する」という強い覚悟が必要だ。そして、「絶対にさせる」という強い意志が必要だ。

くり返し指導し、それが「当たり前」になってしまえば大丈夫。掃除を黙ってやるのが「当たり前」。下駄箱にかかとを揃えて入れるのが「当たり前」。挨拶は自分から大きな声でするのが「当たり前」などなど。

**我々教師の仕事は、「当たり前」を増やしていくことだ**

と言ってよい。「30」で指導をしつこく指導して、「当たり前」にしてしまおう。

# 「30」まではギラギラ眼を光らせ続けよ

「0」「1」「3」「7」「30」に分けて、4月1ヶ月の学級づくりを紹介した。

では、この中で一番大切なのは、どれだろう?

もちろん、どれも大切に決まっている。それぞれで行うべき仕事を「抜け」なく確実に遂行していくことが必要である。

しかし、あえて1つと言われたら、「30」である。

「1」で子どもをつかみ、「3」や「7」でクラスのルール、秩序をつくる。これで、一応、学級の形はできる。

ここで安心してしまう教師も多い。「学級づくりが終わった」と感じる教師さえいる。

しかし、本当に大切なのは、ここからだ。

仕組みをつくっただけでは、学級が軌道に乗ったとは言えないからだ。

「30」で子どもをさらにつかむ。また、「30」で「3」や「7」で決めたルールを徹底していく。

## 「30」で学級が軌道に乗るまでは、絶対に学級づくりの手を抜かない

ことが大切だ。

そのためにも、「30」の間は、毎日1日の細かなタイムスケジュールを立て、「抜け」なく過ごすことが必要なのである。

私は「30」では、「ふり返り」もよくする。特に、どの点が徹底できていないのか？どの点が弱いのか？考える。

子どもたちの現実を見て、強化項目を決め、「策略」を修正していくのだ。

また、変えたい現状があれば、新たな「策略」を巡らせる。たとえば、「今年のクラスの子どもたちは、外で遊ばないな」と思えば、外で遊ばせるための「策略」を練る。

体育の時間に「Sケン」「ろくむし」などの遊びを教えよう。「お昼休みは？」「外で！

元気に！」と合言葉をつくろう。こんな「策略」を考えるのだ。

ちなみに言うと、昼休みに外で遊ぶのは、よいクラスの特徴だ。崩壊学級など、昼休みにも大勢の子どもたちが教室に残っていることが多い。そして、悪さをする。

子どもたちが健全な方向にエネルギーを使うよう、仕向けることが大切なのだ。そこで、私のクラスでは、昼休みは外で遊ぶという約束をつくっている。

話を「30」に戻そう。

軌道に乗ってしまえば、少々の「抜け」や失敗が許されるようになる。しかし、「30」日目までは、とにかくがんばりどころ。


**心や体がキツくても、「30」までは全力で学級づくりに取り組んで欲しい。そうすれば、後の11ヶ月が楽できる。**


残り11ヶ月を楽に楽しく過ごすためにも、お互い最初の「30」日、全力で学級づくりをがんばろう。

もちろん、私も、今年も死ぬ気でがんばる覚悟である。

# 「黄金の三日間」すらないクラスもある

ここまで、中村流「0・1・3・7・30の法則」を紹介してきた。

今のところ、私はこの法則に則って、4月の学級づくりをしている。そして、困難校でも、なんとか学級崩壊を起こさずに1年間凌いできた。

しかし、中村流「0・1・3・7・30の法則」を見直す時が来るかも知れないと感じている。

たとえば、私の好きな大実践家から聞いた話である。仮にA先生としておこう。A先生は、50代のベテラン教師である。もちろん、ものすごい力を持った方だ。

A先生は、学年1クラスの小規模校に転勤した。そして、すぐに6年生を担任させられた。

私は何度も強く言っている。転勤してすぐの教師を高学年、ましてや6年生担任にするのは大反対だ。

今まで見てきた中でも、このパターンが一番危険。多くのベテラン教師が学級崩壊にあい、つぶされるのを見てきた。しかも、他の学校ではエースと呼ばれるような力のある教師たちがだ。

明らかにこの校内人事は、間違っている。自分の学校の教師を守るために、校内人事にだって「策略」が必要なのは当然ではないか。

それなのに、こんなひどい校内人事を行う校長がいるのだから、信じられない。

よそから来た教師は、身内ではなくよそ者だから、つぶれてもいいのか?

全国の校長先生にお願いする。
転勤してきた教師をいきなり高学年の担任にするのはやめて欲しい。
どんなベテランでも、どんなに力のある教師でも学級崩壊のリスクが高すぎる。

他の教師も、転勤してきた教師が高学年を持たされそうになったら、「それなら、俺が」

「それなら、私が」と引き受けてあげるべきだ。それなのに、そうしない。

　自分だけが可愛くて、仲間の教師はどうなってもいいのか？　あまりの「男気」のなさに腹が立ってくる。我が広島カープの永遠のエース、黒田博樹の「男気」を見習え！

　少々興奮して書いてしまった。話をA先生に戻そう。A先生が担任したクラスは6年生というだけではなかった。毎年、学級崩壊をくり返してきたクラスだったのだ。だから、持ち手がいない。そこで、転勤してきたばかりの事情を知らないA先生に押しつけたのだ。

　4月の新年度初日、A先生が教室に入り、初めて子どもたちと出会った。

　教卓の上に座っている女子が一人いた。他の子たちも机の上に乗っている。そして、A先生が入って来たことにも気づかず、いや、気づかないフリをして、おしゃべりを続けている。

　A先生は明らかに挑戦的な態度を感じたと言っていた。

　私も前年度、学級崩壊したクラスを何度も担任したことがある。どのクラスも大変だった。子どもは子どもらしくない。無理してツッパっている感じで、妙に大人ぶっている。斜に構え、肩肘を張って生きている感じといったらいいだろうか。そして、どのクラスもジメジメとした感じの重たい雰囲気だった。笑いすら声にならなかった。

子どもたちを「安心」させ、子どもを子どもらしくしていくのには、かなり時間がかかった。異様に重たい、暗い雰囲気を払拭するのにかなり時間がかかった。

しかし、A先生の担任したクラスほどではない。その子たちなりに、がんばろう、やり直そうという姿勢を感じたからだ。

73ページで紹介した「黄金の三日間」という言葉がある。4月最初の子どもたちは、とってもいい子だ。私が担任してきた前年度崩壊学級の子どもたちも4月の最初には「やり直したい」という思いを少しは感じることができた。

この前提のもとに、野中信行氏の「3・7・30の法則」ができている。もちろん、中村流「0・1・3・7・30の法則」もできている。しかし、

**現実には、「黄金の三日間」がないクラスもあるのだ。**
**「漆黒の三日間」ともいえるスタートを余儀なくされるクラスもあるのだ。**

私がA先生の立場だとしたら、どうだろう?

怒鳴り散らして、席に着かせるかも知れない。つまり、力によって押さえ込む方法だ。

逆にゆるやかに、ゲームなどをして子どもたちを１人でも多く巻き込みながら、クラスをつくっていくかも知れない。

要は、そのクラス次第だ。どんな子どもたちなのか？　その子たちに有効な手はどんな手なのか？　他の教師たちから、最大限に情報を集めるだろう。

毎年学級崩壊を起こしてきたクラスだ。以前の担任たちから、その時の４月の新年度初日の様子も、もちろん聞いておく。そして、その上でその子たちに合った「策略」を巡らせ、４月の新年度初日に臨む。

そうすれば、いきなり先に書いたような状態に出会って、おろおろすることもない。冷静に対応できる。

情報も集めず、「策略」も巡らせず、「丸腰」で戦場に出るような真似は絶対にしてはいけない。そんな危険をおかしてしまったら、子どもたちとぶつかる可能性が高い。そして、学級崩壊にあってしまう可能性が高い。そして、心と体を壊して、病休に入ってしまう可能性も高い。

自分の身を守るために、情報を集め、その子たちに合った「策略」を巡らせて４月の新年度初日を迎えなければならない。

# 第3章

# 学級崩壊・回避

## 教師を続けるための
## 腹黒ルール

# 子どもと距離を取り「教師」として振る舞え

「やんちゃ君」への対応で困っている先生方も多いだろう。「やんちゃ君」に一旦背を向けられると、学級は成り立たない。

そこで、『ブラック学級づくり』では、「やんちゃ君」への対応術を書いた。一番大切なのは、「やんちゃ君」とは絶対に対峙しないことだ。「やんちゃ君」に勝って言うことを聞かせたところで、彼らはおもしろくは思わない。必ず、復讐の機会を狙っている。かといって、教師が負ける訳にはいかない。対峙しないのが一番の「策略」だ。

まあ、「やんちゃ君」への対応については、『ブラック学級づくり』の第2章「『やんちゃ君』に反抗させない個別対応術」を読んで学んで欲しい。そして、「やんちゃ君」が背を向けないよう「予防」するための「策略」を巡らせて欲しい。

今回は、高学年女子に対する「策略」について述べてみることにする。高学年女子の扱いに苦労している若手男性教師をよく見るからだ。この本を読んでくださっているあなたもそうかも知れない。

でも、それは、あなたが異性に見えている証拠。つまり、「男」として魅力がある証拠である。

それに比べて、私は高学年女子の扱いで苦労したことはない。私は若い頃から、「男」として見られていなかったのだろう。今は、歳を取ってしまったので、「お父さん」にしか見えないに違いない。

「男」としては、少々残念である。しかし、「教師」としてはよかったと思っている。いったん女子の心が離れてしまえば、ゲームオーバーだからだ。

そうなってしまっては、どんなにいい授業をしようが、どんなに素晴らしい指導をしようが、彼女たちの心には届かない。

いや、届かないどころではない。あなたが何をしても、「キモい」「ウザい」と感じることだろう。

そんな女子が群れをなすと、学級は成り立たなくなってしまう。だから、女子の心が離れていかないよう、「予防」に努めることが必要だ。
そのためには、

## 「男」ではなく、きちんと「教師」として振る舞う

ことが大切だ。女性の先生も同じである。女子と仲よくしすぎて、「友達先生」になってしまわないことが大切だ。

## 高学年女子とは、適切な距離を取る。そして、決して馴れ合わない。

男性教師、女性教師関係なく、これが高学年女子と付き合うための「策略」の大原則である。

教師は、子どもとは立場が違う。学級のリーダーなのだ。まずは、そのプロ意識を持つことが必要だ。

# 高学年女子に媚びを売ると背を向けられる

高学年女子との関係が崩れると、クラスは危うくなる。

女子は、群れたがるものだ。一人の女子との関係が崩れてしまうと、その女子が所属するグループ全員との関係が崩れてしまう可能性が高い。

高学年女子からは、嫌われないようにすることが必要だ。しかし、だからといって、高学年女子に好かれようなんてことは、考えなくてよろしい。

好かれようとして、下手に出たり、卑屈になったり、媚びを売ったりすると、彼女たちは、もっと離れていくからだ。

まあ、嫌われない程度にと考えるぐらいがいいだろう。

たとえば、同僚のベテラン女性教師との関係をイメージすればよい。ベテラン女性教師に嫌われると、仕事がやりにくくなってしまう。だから、あなたも嫌われないようにしているはずだ。でも、好かれようとまでは思ってないのではないか。高学年女子ともそういう関係がつくれるといい。

高学年女子たちに嫌われたくなければ、嫌われないように振る舞わなければならない。そのくらいは、学級をうまく回すための「策略」として、考えるべきだ。

高学年女子に嫌われないための大事なポイントを4つだけ述べる。1つ目は、

## 清潔感があるように演じること

である。

たとえば、あなたのクラスで女子から人気のある男子を想像してみるといい。彼らの中には、決してイケメンとは言えないような子もいる。それなのに、女子からは好かれる。彼らに共通しているのは、清潔感。まずは、清潔感があることが高学年女子から嫌われない一番のポイントだ。

「なでしこジャパン」の元監督・佐々木則夫さんのエピソードをご存じだろうか?

佐々木さんは、「どんなに仕事ができる人でも鼻毛1本出ているだけで、女性社員の信頼と尊敬は減ってしまう」と奥さんに言われ、毎朝、出かける前に鏡の前に立つことを日課にしていたそうだ。そして、鼻毛、寝癖、シャツのシワなどを入念にチェックし、自然な香りのコロンをつけるそうだ。

佐々木さんほどはできないにしても、服装、髪型など清潔感を保つことは、高学年女子に嫌われないために大切だ。

実際の生活は、無精でも構わない。不潔でも構わない。しかし、学校にいる間は、「策略」として清潔感のある自分を演じよう。

2つ目のポイントは、

## 「やんちゃ君」を押さえつけられるリーダーであること

である。教師はリーダーとして、クラスに君臨しなければならないのだ。

子どもたちは、見ている。この先生は、私がいじめられた時、厳しい指導でいじめを止めてくれるかどうかを。

子どもたちは、見ている。この先生は、一部の「やんちゃ君」たちが授業をつぶそうとした時、厳しい指導で授業妨害を止めてくれるかどうかを。

誰も、いじめを受けたいとは思っていない。誰も、崩壊学級で過ごしたいとは思っていない。だから、そうならないように厳しい指導ができる教師を信頼する。逆におどおどしていて、「やんちゃ君」を押さえつけられないリーダーは、認められない。

リーダーとして認めないと、子どもたちは、残酷だ。特に高学年女子は、残酷だ。あなたの一言一言に「キモい！」「ウザい！」と反抗することだろう。グループでヒソヒソとあなたの顔を見て笑うなんて「教師いじめ」も平気でする。

そうならないためにも、教師は厳しくあるべきだ。厳しい指導で「やんちゃ君」たちを従わせるべきだ。

「この先生、頼りになる！」と思わせれば、高学年女子も背を向けない。

3つ目のポイントは、

## いつも笑顔でいること

である。「やんちゃ君」たちに好き勝手させないためにも、厳しい指導は必要だ。時には、怒鳴ることもあるだろう。しかし、お説教は短いに限る。私は長くて1分ぐらい。大事なポイント1つに絞って話せば、お説教は長くはならない。

そして、お説教が終わったら、何事もなかったように笑顔に戻ればいい。

子どもたちは、いつも叱ってばかりの先生が好きではない。高学年女子だって、もちろんそうだ。また、いつも叱ってばかりだと、叱られても怖くなくなる。雷もたまに落ちるから怖いのだ。

教師の笑顔は、子どもたちを「安心」させる。そして、教室を安定させる。

教師はプロなのだから、意識していつも笑顔でいるべきだ。

体調が悪いとか、二日酔いだとかは、関係ない。プロとして意識して、笑顔を演じられなければ、学級は成り立たない。

4つ目のポイントは、

## 大人として、余裕のある対応をすること

である。3つ目のポイントの「いつも笑顔でいること」と少しかぶるかも知れない。

今どきの子どもたちは、教師を傷つけながら近寄ってくる。たとえば、私など、高学年女子からこんな声をかけられる。

「先生、そんな顔でよく生きてられるね。」

「先生の髪型、ちびまる子ちゃんみたいじゃん。」

あなたなら、どう対応するだろう？　私は次のように言う。

「おかしいな。先生、昔、嵐のメンバーだったんだけどな。」

「なはは。うまいこと言うなあ。でも、友蔵に似ていると言われるよりいいや。」

女子たちは、悪口を言いながらも、私に近づこうとしてくれているのだ。「先生に近づきたい」と思ってくれているのに、そこで余裕のない「叱る」という対応をしてしまったら、アウト。女子の心は、どんどん離れていってしまう。

教師は少々のことで腹を立ててはいけない。悪口もユーモアとして受け取り、大人として余裕のある対応を心がけよう。

そうすれば、高学年女子たちも、どんどん話しかけてくる。

4つのポイントを意識して「策略」を巡らせ、高学年女子を手なずけよう。

# 女子は猫、追いかければ逃げられる

高学年女子との関わり方の「策略」を紹介する。

## 高学年女子は、「レディ」として接する。

まずは、これが基本中の基本である。

高学年女子は、「子ども」と思って接してはダメ。「レディ」として接さないといけない。

彼女たちは、プライドだけは一丁前だ。子ども扱いして、なめてかかってはいけない。

くり返しになるが、ベテランの女性の先生たちへの対応のイメージだ。ベテランの女性の先生に嫌われると、仕事がやりにくくなってしまう。だから、あなたも「嫌われないように」気を遣っているはず。「好かれたい」ではなく、「嫌われないように」程度の気遣いが、高学年女子にもピッタリだ。

特に、クラスみんなの前で高学年女子を怒鳴りつけてしまったら、ゲームオーバー。彼女たちは、クラスに好きな男子がいるかもしれない。いや、いるな。好きな男子の前で叱られた女子は傷つく。そして、「先生、ひどい。ひどすぎる」と思う。そして、教師に背を向ける。しかも、その女子のグループ全員が「先生、ひどい。ひどすぎる」と共感する。そして、グループ全員が教師に背を向ける。そうなってしまったら、学級崩壊へ一直線だ。

だから、高学年女子は、絶対にクラスみんなの前で叱ってはダメ。叱る必要がある時は、個別に呼んで、こそっと叱るといい。まあ、叱るというより、話をする感じかな。

さらに、高学年女子を上手に扱うには、次の特性を理解しておいた方がいい。

## 女子は、猫。無理に追っかけない。

私は、男子にはしょっちゅう、ちょっかいをかける。

彼らは、犬。構ってあげればあげるだけ、しっぽを振って喜ぶ。そして、教師のことを好きになる。

それに対して、女子は猫だ。ちょっかいを出されるのを嫌がる。だからと言って、放っておいても、ダメ。この辺りのさじ加減が難しいところだ。

私は、話しかけてきた女子とは徹底的にトークを楽しむ。彼女たちは、おしゃべりが大好き。放っておいても、ぺらぺらとよくしゃべる。

私は、もっぱら聞き役に徹する。と言っても、黙っているだけでは、ダメ。よく笑いながら聞く。

もともと私は、笑い上戸である。だから、演技はいらない。でも、笑い上戸でない教師も、プロとして、どんどん笑って聞いてあげることが必要だろう。

「うん、うん」と相づちを入れたり、「〇〇だね」とくり返しを入れたりすることも大切だ。たまに、ツッコミを入れるのもいい。

いずれにせよ、しっかり反応しながら話を聞いてあげれば、女子たちは満足する。そして、よく話しかけに来るようになる。

高学年の担任は、女子のグループ化が気になるところだ。しかし、

## グループは、あって当然と受け止める

ことが大切だ。

問題のあるグループを壊そうとする教師がいる。いや、問題を起こさないグループでさえ、壊そうとする教師がいる。

そんなことをしてしまったら、アウト。「私たちは仲よくしたいのに、先生、ひどい！ひどすぎる！」と、高学年女子の心は、間違いなく離れていく。また、かえって「反・教師」で、そのグループの結束は強くなる。

私のクラスにだって、グループはある。高学年女子がグループ化するのは、当たり前なのだ。だから、私はグループ化を受け入れる。

問題なのは、グループ化ではなく、そのグループが悪い行動をすることである。

グループ化を受け入れた上で、グループがよい行動をするように、よい方向に機能するように仕向けるのが教師の仕事である。

# 「裏」のリーダーは必ず押さえよ

高学年女子は、レディ。どの女子にも「私は特別」と思わせるような接し方をするのが「理想」である。

しかし、やはりクラスには押さえどころがある。「現実」には、押さえどころへの対応は手厚いものになる。

まずは、クラスのリーダータイプ。クラスに影響力のある子だ。勉強もよくできて、真面目。学級委員長に選ばれるような子である。

実は、このタイプは、安パイ。教師に背を向けることが少ないからだ。

でも、さすがにリーダーに背を向けられては、学級は成り立たない。やはり、確実に押さえるべきポイントの１つではある。

このタイプは、プライドが高い。だから、そのプライドを満足させてあげるといい。いろいろな仕事は、その子に頼む。また、いろいろな仕切りを頼む。「君のこと信用しているから任せるよ」と、いろいろなことをその子に任せてしまおう。

任せられることに喜びを感じる子だ。また、能力が高いので、間違いなく確実に仕事をやり遂げてくれる。

もちろん、それを当たり前だと思っては、ダメ。「○○ちゃんに任せてよかった！ ありがとう」と感謝の気持ちを伝える必要がある。また、「さすが！ ○○ちゃん！」とみんなの前でしっかり褒めることも忘れてはいけない。

しかし、最初に書いたようにこのタイプは、安パイだ。実は、扱いに最も気をつけないといけないのが、「裏」のリーダーである。

他の女子たちを「裏」で操っている。こんな高学年女子がクラスに1人はいることが多い。下手をすると2人いて、お互いに牽制しあっている場合もある。

誰が「裏」のリーダーか？ 私のようなベテランでも分かりにくい時がある。だから、前の担任などから情報をしっかり集めておくことが必要だ。学級を成り立たせるためには、情報が大きな武器になる。

この手のタイプを「敵」に回してしまうと、クラスは絶対に成り立たない。多くの女子を引き連れて、反抗的になってしまう可能性が高いからだ。
そこで、この子の顔色は常に見ておいた方がいい。はっきりとではなく、ちらちらと見るイメージだ。そして、その子が気に入らないと思うことは、絶対にしない。集まってトークする時も、その子の顔色を見ながらする。そして、その子が喜ぶように話を回す。
このぐらいは上手に演じられないと、これからの教師は務まらない。

**「どの子も平等に」なんてのは、幻想だ。クラスには、絶対に「敵」に回すとまずい子がいる。その子への対応が手厚くなるのは、当然だ。**

「裏」のリーダーの子には、どんな「策略」を使っても絶対に嫌われないようにしないといけない。

# 女子の取り扱いは、情報戦だ

クラスのリーダー、クラスの「裏」のリーダーへの取り扱いについて述べた。

しかし、言うまでもなく、クラスには他にももっといろいろなタイプの女子がいる。教師は、それらの女子一人ひとりに合った取り扱いをしなければならない。

女子扱いを学ぶには、やはり実践が一番だ。若手教師や大学生は、たくさん恋をするといい。そして、いろんなタイプの娘と付き合うといい。

「恋愛は面倒くさいから」なんてことを言う若い人も多いという。しかし、恋愛も教師修行の役に立つ。

今思えば、ホストクラブでバイトしとけばよかったかな。ホストたちの女性扱いは、間違いなく上手だろう。だって、プロなのだから。ホストほどの女性扱いのテクニックがあれば、高学年女子の扱いぐらい楽勝なのかもしれない。

話が逸れた。ホスト経験のない普通の私は４月に女子の取り扱い方を「策略」として考える。

## 女子扱いの「策略」を練る時に役立つのが、「児童調査票」「前担任との引き継ぎ」「指導要録」である。

「児童調査票」では、その女子の誕生日や健康状態など、基本的な情報が手に入る。家族構成、家庭環境などは、特にチェックが必要だ。

また、保護者の願いも分かる。それと同時に、うるさい保護者かどうかも分かる。うるさい保護者の女子への対応は、当然、手厚いものにしなければならない。

「前担任との引き継ぎ」が最も重要だ。指導要録には書けない、その子の本当の情報が手に入るからだ。

問題を抱えた女子なら、どう対応すればいいのか？　前担任に直接聞いてみるのがいい。

こういう対応をすると落ち着く。こういう対応をすると、さらに問題を起こす。前担任は1年間、その女子を扱ってきたプロなのだ。プロから教えを請わないのは、もったいない話である。

「指導要録」は、本当のことは書いてない。いいことばかりが書いてある。でも、そこがミソ。その女子をどう褒めればいいのかが分かる。

また、その女子の特徴をよい風に捉えるにはどうすればいいかが分かる。また、表彰歴などを調べれば、その女子との会話のきっかけにすることもできるかも知れない。

以前は「指導要録」は、開きもしなかった。読者0（ゼロ）の読み物だと思っていた。しかし、憧れの大実践家である古川光弘氏（『「古川流」戦略的学級経営　学級ワンダーランド計画』黎明書房など著書多数）の講座で、このような「指導要録」活用法を学ばせていただいた。私も進化しているのだ。そこで、最近は、ザッとだけ目を通すようになった。

いずれにせよ、きちんと情報を集め、その女子に合った取り扱い方を「策略」として考えておくことが大切だ。

高学年女子を「敵」に回すと、学級は成り立たない。どんな手を使ってでも、高学年女子は「味方」にしておこう。

# 泣き顔を見ても決して同情するな

クラスの子が泣いていたら、どうする？　ましてや、可愛い女子が泣いていたら？　若い教師は、その子に寄りそうだろう。そして共感的に話を聞き、なぐさめるに違いない。

しかし、この「策略」は、大きく間違っている。そんなことをしていたら、教室には、泣く子があふれかえる。「泣いた者勝ち」の状態ができあがってしまうからだ。

そんなクラスにしてしまわないためには、次の「先手」を打つことが大切である。

「先生は泣いた子の味方はしません」と宣言する。
さらに、「泣く子＝ずるい子」という位置づけをしてしまう。

私は、4月の最初に、次のように言っている。

「大切な話をしておきます。中村先生は、泣いている子の味方はしません。だって、ずるいと思いません？　ケンカってお互いに悪いことがほとんどです。それなのに、泣いてみんなを味方につけようとするなんて。本当に泣きたいのは、相手の方かも知れないのに。」

4月最初の子どもたちは、とってもいい子だ。うなずきながら、聞いてくれる。

「中村先生は、泣いたからって、騙されないからね。きちんとお互いの事情を聞いて、自分の悪いところを反省してもらう。もちろん、泣いたことも反省してもらいます。」

こう宣言しておくと、「泣いた者勝ち」の状態にはならない。それどころか、「泣く子＝ずるい子」という位置づけをされてしまうのだ。そうすれば、クラスで泣く子は、ほとんど出なくなる。

最初に宣言するだけではない。私はこの言葉通り、泣いている子の味方は、一切しない。クラスに泣いている子がいたら、私は、怪我がないかどうかだけは確認する。そして、「怪我はないようだから、大丈夫だね。泣いていたら話ができないだろうから、後で話を聞くからね。」

こう言って放っておく。泣いている子は話ができない。事情を聞いたって、時間の無駄。

泣き止むまでをクールダウンの時間にして、後で話を聞いた方がはるかに効率的だ。

泣き止めば、当事者を呼んで事情を聞く。ここも最初が肝心。

「お互いに悪いところがあるから、ケンカになるんです。『お前が悪い』と相手を責めるばかりでは、成長できない。このケンカをきっかけに、自分の悪いところを反省して成長しなさい。」

こう冷静に言う。「先生は裁判官ではない。だから、どっちが悪いかの判定はしない」と付け加えることもある。

そして、ケンカに至るまでの道筋をお互いから聞き取る。お互いに納得できる道筋が出来上がったら、1つひとつの行動をふり返らせる。

「最初にAくんが『鬼ごっこしよう』って言ったんだよね。これって、いいの？　悪いの？　そう、悪いよね。教室で鬼ごっこなんてするから、ケンカにつながっている。これが全てのきっかけだ。まずは、この点を反省しなさい。」

こうやって、自分の悪い点を反省させる。そして、お互いに悪い点を謝罪させる。泣いたことも謝罪させる。お互いに謝ったら、「いいよ」と許し合う「儀式」である。

いずれにせよ、ケンカは両成敗がいい。「泣いた者勝ち」の状態をつくってはいけない。

# 力をつけたいなんて欲望は捨てろ

国語の大家・野口芳宏氏は、「向上的変容」を保証することが必要だと説く。言うまでもなく、授業は子どもを伸ばすためにある。1時間の授業を受ける前と後で、子どもに向上的な変容をさせないようではダメなのだ。教師はその授業で子どもにどんな力をつけるのかを明確にしなければならない。そして、子どもたち自身に力がついたことを実感させなくてはならない。

道徳の大家・深澤久氏は、「鍛え・育てる」ことが必要だと説く。授業では学習内容だけでなく、人としての正しさを学ばせるべきだ。そして、個々の子どもをたくましく育てるべきだ。もちろん、授業以外でも、学校生活全般で子どもたちを鍛えること、伸ばすことを教師は意識するべきである。

野口氏の言われることも、深澤氏の言われることも、もっともだ。我々教師の仕事は、子どもたちに力をつけることだ。伸ばすことだ。成長させることだ。

しかし、現実には、この発想に囚われすぎると失敗してしまうことがある。

たとえば、ある年に担任した4年生のAさんだ。Aさんは、席に座っておくことができない子だった。生き物が大好きで、トカゲやカナヘビを捕まえて来ては、床に寝転がって遊んでいる。生き物がいない時には、キャラクターの人形で遊んだり、本を読んだりしている。

しかも、始末が悪いのは、注意するとキレることだ。担任を蹴ったり殴ったりする。ひどく噛みつくことも多かったそうだ。あっ、この場合の噛みつくは、慣用句でなくて、口で本当に噛みつくね。前の担任は、傷が絶えなかったそう。怒って教室を飛び出し、家に帰ってしまうこともしばしばだった。

Aさんを担任して私が取った「策略」は、まずはスルー。要は、放っておくということだ。注意してパニックになられたら、周りはAさんの問題に気づく。座っていられないのも問題だが、Aさんのキレた姿に比べれば、たいしたことはない。Aさんがものすごい問題児であることを宣伝するような真似はしたくないと考えたのだ。

それにどうせ注意したって、言うことは聞かない。注意して逆ギレされるぐらいなら、放っておいた方がマシである。というか、注意には効果がなく、かえって悪い結果を招いてしまうのだ。注意するという「策略」が間違っているのは明らかだ。

それでも、最初に書いた野口氏、深澤氏の言葉が頭をよぎる。放っておいていいのか？ 力をつけなくていいのか？ 伸ばさなくていいのか？ 多くの教師が私と同じように自問自答するに違いない。多くの教師は私と同じように真面目なのだ。子どもに力をつけないと、教師としての仕事をしていない気がしてしまう。

しかし、現実には、Ａさんのような子がいる。勉強なんてできるようにならなくていい、他のこともできるようにならなくていい。とにかく問題を起こさないで過ごしてくれたらいい。私は、そんな子を何人も担任してきた。

私は、Ａさんを伸ばそうという発想を捨てた。いや、捨てるしかなかったのだ。そこで、

**まずは、Ａさんを伸ばすのではなく、安定させようと考えたのだ。**

「支援」、「指導」という言葉がある。世の中の偉い人たちが「支援」と「指導」につい

て、様々な定義をしてくれている。私の定義は、至極シンプルだ。

「支援」……子どもが、今持っている力で、その場面をうまく過ごすための手立てを行うこと。
「指導」……子どもが、今持っている力を更に伸ばしたり、別の力をつけるための手立てを行うこと。

非常に分かりやすい。我ながら、さすが！と言いたいところだ。しかし、これ、実は、借り物。私の尊敬する青山新吾氏（ノートルダム清心女子大学・准教授）から学んだ定義である（メールマガジン「授業成立プロジェクト（ＪＳＰ）」第210号２００９年11月11日発行）。全く私は、借り物ばかりだ。

この「支援」の定義に、伸ばそうという発想は、全くない。その子を今の力のまま安定させよう、落ち着かせようというのが青山氏の定義する「支援」である。

ブラック・中村流に言い切ってしまえば、「支援」は、その子が問題を起こしさえしなければいいと割り切ってしまうことだな。

Aさんのような子は何人も担任してきた。その時、まずは考えたのは、「支援」である。その子を伸ばそうとか、力をつけようとか、そういう「指導」しようという発想を全く捨てたのだ。

最初に書いたように教師の仕事は、子どもを伸ばすことだ。しかし、その発想に囚われて「指導」しようとすると、Aさんのような子はパニックを起こす。

**力なんかつけなくていい。ただ、落ち着いていてくれさえすれば十分だ。問題を起こさなければ十分だ。そんな子が現実の教室にはいるのである。**

そんな子がいる時には、「指導」しようという発想を捨てよう。まずは、「支援」して落ち着かせよう。こういう「策略」がヒットすることが多い。

「支援」がうまくいけば、その子は落ち着く。その子自身も、周りの子も、全く問題がない気になってくる。そうすれば、さらに落ち着く。いい循環に入っていくのだ。

その子を伸ばす「指導」は、そうなってからすればいい。

問題のある子には、まずは、「支援」。その後で「指導」。こんな「策略」がいいようだ。

# 世の中はそんなに優しくはできていない

「指導」するという発想を捨てようと書いた。こんなことを書いて、若手が誤解すると困るので、言っておく。

**教師の仕事は、子どもたちに力をつけることである。伸ばすことである。**

これが、大前提。教師は、このことを絶対に忘れてはいけない。

しかし、現実には、いきなり「指導」すると、逆ギレする子がいる。パニックになる子がいる。

だから、最初はあえて「策略」として、「指導」という発想を捨てよう、「支援」に徹し

ようと言っているだけだ。そこで、私は、

## まずは、「支援」。その後で「指導」

と言っている。まずはの「支援」は、その後で「指導」するため。つまり、最終的には子どもを伸ばすための「策略」なのである。そのことを勘違いしてもらっては、困る。

ユニバーサルデザインという言葉をご存じだろう。配慮が必要な子にとってなくてはならない「支援」は、全ての子どもに優しい。ユニバーサルデザインの発想に基づいた授業が全国に広まっている。悪いことではない。

しかし、あえて苦言を呈す。というか、書いていて、流れで言いたくなっちゃったのよ。

## ユニバーサルデザインは「支援」で終わっていて、「指導」がないではないか。

たとえば、指示を理解することが苦手な子のために、指示内容を板書する「支援」がある。確かに、そういう配慮が必要な子はいる。また、指示を板書することで、他の子どもたちも理解しやすいだろう。

しかし、本当に、それでいいのか？　ずっと、それでいいのか？

たとえば、授業に集中するのが苦手な子のために、教室の前面をすっきりさせる「支援」がある。子どもたちの気が散らないように、掲示物など一切貼らない。確かに、そういう配慮が必要な子はいる。また、教室前面をすっきりさせることで、他の子どもたちも授業に集中しやすいだろう。

しかし、本当に、それでいいのか？　ずっと、それでいいのか？

そういう「支援」をして、授業内容を理解させれば、子どもたちに力がつくのだからいいじゃないか。こう言う人もいるだろう。もちろん、その考えも分かる。

しかし、私は「支援」ばかりを受けて来た子どもたちの将来を案じる。残念ながら、世の中は、そんなに優しくはできていないからだ。

世の中に出れば、耳だけで聞き取らないといけない場面も多くある。雑多な物に囲まれていても集中しないといけない場面も多くある。

やはり、子どもたちの将来を考え、伸ばすことも必要だ。教師の仕事は、子どもに力をつけることだ。伸ばすことだ。このことは、忘れてはいけない。

# 自分を責めるな！ 不登校は教師「だけ」のせいではない

不登校の子を担任した経験があるだろうか？　私は、何度もある。

不登校の子を持つと、気を遣って大変だ。不登校の子が学校に来た時には、その子にばかり目が向く。そして、その子が楽しく過ごせるようにベストを尽くす。たくさんの笑顔を見せてくれると、安心する。

学校に来た次の日の朝は、不登校の子の下駄箱が気になる。「今日も来てくれたらいいなあ」と祈るような気持ちである。靴が入っていたら、来てくれた証拠。とっても嬉しい。

でも、不登校の子は、来ないことが多い。昨日は、あんなに楽しそうだったのに、と思う。もっと楽しい思いをさせられれば来たのでは？と自分を責めたくもなる。

若い頃の私もそうだった。しかし、今の私は違う。不登校の子がたまに学校に来ても、過剰にサービスはしない。もちろん、ある程度は、その子に気を遣う。しかし、若い私のようにサービス過剰にはならない。

**どんなに楽しそうにしていても、明日来る保証はない。だから、不登校なのだ。**

歳取った私は、そう思う。そして、「策略」として、その子にだけ目を向けることはない。その子にだけ関わることはない。もちろん、その子も楽しませる。しかし、学校に毎日来ている子も、当然、同じように楽しませる。

**私は、クラス全員の担任なのだ。不登校の子だけの担任ではない。不登校の子に労力を使っても、報われないことが多い。それなら、その労力を他の子のために使った方がいい。**

こう自分に言い聞かせている私は、ブラックすぎるのだろうか。

それでも、不登校の子が休んだら、私は毎日家庭訪問する。一応、保護者の手前、熱心な先生を演じておいた方が得だからだ。不登校の子の保護者は、学校に対する不信感を持っていることも多い。そんな保護者に「学校は何もしてくれない」なんて攻撃をされないように予防しているのである。

もちろん、教育委員会や学校への言い訳の意味もある。「策略」として毎日家庭訪問した方が安全だ。

しかし、毎日家庭訪問したところで、その子が学校に来れるようになる訳ではない。そのことは分かっておいた方がいい。

どんなに楽しそうに話をしても、教師との関係がいいように見えても、その子は学校に来ない。だって、不登校なのだから。不登校とは、そういうものだ。変な期待は持たない方がいい。期待すると、裏切られる可能性が高い。傷つく可能性が高い。

**私が知る限り、不登校は教師のせいではない。少なくとも、教師「だけ」のせいではない。**

不登校の子に当たるかどうかは、運。宝くじのようなものだ。当たってしまっても、必要以上に自分を責めないようにしよう。

# 無駄！４月最初の職員会議に時間をかけるな

私は新年度当初の職員会議が嫌いだ。長時間、ダラダラと提案が続く。提案が多すぎて、覚えきれない程だ。覚えきれないから、私は本当に必要なことは後で隣のクラスの担任から聞くことが多い。

他の教師だって、同じだと思う。どうせ後で聞くことになるのだ。大事な「０」（４月の新年度初日まで）の時間に、こんな無駄はいらない。みんな「サッサと終わってくれないか？　早く仕事がしたい」と思って、イライラしているのではないか。

ある年の年度当初の職員会議の司会を私がたまたま担当することになった。そして、この年は、珍しく新採1年目がいない。ラッキーチャンスだ。

まずは、全体に向かって、こう呼びかけた。

「みなさん、職員会議を午前中で終わらせて、午後からは学級とか学年の仕事がしたいですよね？」

みんな頷いてくれている。

「では、みんなで午前中に終わらせることを意識しましょう。」

共通のゴールのイメージを持つことは、本当に大切だ。共通のイメージを持った上で、私は次のことをお願いした。

・提案内容を全部説明しても、絶対に覚えられない。文書を全部読まないこと。
・今回は、初任者がいない。他校と違う特徴的な点、去年と変わった点に絞って話すこと。
・文書が多すぎるので、最初に確認はしない。新しい議題に入る前に、ない文書は手を挙げて申告すること。

多くの提案者は、このお願いにしたがって、話をしてくださった。大幅な時間短縮だ。

ただ、年度当初の職員会議は、大切だ。話し合うべきことは、きちんと議論しておかなければならない。早く済めばいいというものではないのだ。

そこで、私は次の点を意識して、司会をした。

・どこまでが共通していて、どこからが論点なのか？　司会が「ここまでは、みなさん一緒で共通理解できますよね。で、違っているのは、この点なんですけど」と論点整理すること。
・決まったことは、「ここまではOKですよね」と、みんなに確認してから、次に進むこと。

なんのことは、ない。クラスの子どもたちの話し合いで指導していることだ。それを自らが司会としてやっているにすぎない。

結果、提案はスムーズ。しかも、議論する時間は充分に確保。そして、約束の12時より5分早く職員会議は終わった。同僚から多くの感謝の言葉をもらい、私も嬉しくなった。

職員会議も「策略」を巡らせて、進めよう。ダラダラと時間ばかり使う会議ほど、無駄なものはない。特に「0」の時間は、貴重なのだ。

# 出会いが9割、初対面で保護者を手なづけろ

職員室について書いたので、ここで、保護者についても少し書いておこう。私には、一応、『ブラック保護者・職員室対応術』という著作があるので（笑）。

この本にも書いたように、我々教師が一番心を痛めているのが保護者対応である。逆に言えば、保護者対応さえうまくいけば、そんなに心を痛める必要はない。元気に仕事を続けるためにも、保護者対応術を身につけよう。

保護者対応で一番大事なのは、「初期対応」。まあ、この辺りの話は、『ブラック保護者・職員室対応術』を読んで欲しい。

「初期対応」が大事だと書いたが、新年度最初も大切だ。

いや、新年度最初ではないいな。実は、それ以前から勝負は始まっている。いわゆる「前

評判」というやつだ。

ちなみに、私は保護者の評判がいい方だと思う。今どきの保護者は、情報網がすごい。転勤して来て1年目でも、私のことを知っている保護者が多い。前任校の保護者などから情報を得ているらしいのだ。

私が本をたくさん出していることも知っている保護者が多い。テレビや新聞の取材を受けて来たことも知っている保護者が多い。

家庭訪問などで「中村先生のようなすごい先生に持っていただけるなんて幸せです」なんて言葉をいただくことも珍しくない。小っ恥ずかしいので、「内緒にしといてくださいね」と言っている。しかし、大きなアドバンテージになっているのは間違いない。

たとえば、新採1年目の教師が失敗したら、即、お叱りを受けるだろう。しかし、失敗しても、私のことを「すごい先生」と思っている保護者なら、「何か意図があるのかも」と思ってくださるかも知れない。「中村先生なら」と許してくださるかも知れない。

いずれにせよ、前評判は、大切だ。前評判がよくなるように、毎年いいクラスがつくれるようにがんばるしかない。

新年度最初の保護者との関係づくりは、大切だ。

**保護者に気に入っていただければ、少々のことは許される。しかし、気に入っていただけなければ、少々のことさえ許されない。1つの失敗を理由に、執拗な攻撃を受ける可能性もある。**

気に入っていただくためには、初対面が大切だ。最初に保護者に出会うのは、参観日、学級懇談だろう。

まずは、清潔な身なりをすることが大切だ。保護者受けがいいように髪型、服装などに気をつけよう。また、最初の参観日は、普通の一斉授業をして、自分の授業力を見せつけておいた方がいい。最初の参観日は、保護者の教師に対する値踏みの時間でもあるからだ。

学級懇談は、自分のやる気をアピールしよう。きちんと台本をつくり、何度も練習する。できれば、他の教師に見てもらう。アドバイスをもらって修正を加えるといい。台本の内容だけでなく、表情、話し方なども大切だ。

新年度最初、保護者のハートをガッチリつかむ「策略」を練ろう。最初の印象が保護者と教師の関係を1年間左右する。

# 立て直しのラストチャンスは、9月だけ

本書では、4月の学級づくりの大切さについて述べている。4月で100％決まってしまうとも述べた。

たとえば、私は、4月の最初から、ノートは毎時間集めろと言っている。そして、字が乱雑だったり、書くべきことを書いていなかったりするノートにはやり直しをさせよと言っている。別に頭ごなしに叱る必要はない。冷静に「これ、○○してないから、やり直しね」と言うだけである。

それでも、子どもたちは、やらないとまずいと思う。この先生は許してくれない、厳しい先生だと思う。

ノートを集めてチェックしてスタンプを押すだけ。そして、やり直しを命じるだけ。30

入学級でもわずか3分程度でできる。しかし、これだけで、子どもたちは「ノート作業をきちんとするのが当たり前」になる。

それなのに、若手教師は、やらない。で、子どもたちが真面目にノート作業をしないと気づいてあせる。で、5月や6月や7月になってからノートを集め始める。

でも、そうなってからノートを集めるようになっても、遅すぎだ。子どもたちは、思うだろう。「今までよかったのに、なんで?」と。そして、子どもたちは反発する。やり直しを命じられたノートを床に投げつける子さえ出る。そりゃそうだ。そうなっても仕方ない。「ノート作業はきちんとしないのが当たり前」の状態になってしまっているからだ。

やはり、学級づくりは、4月が全て。4月の最初から、ノートは毎時間集める。不十分なノートはやり直しさせられる。それを当たり前にしておかないとマズイのだ。本当に4月の「策略」は大事である。しかし、

実は、V字回復のラストチャンスがある。
それは、2学期のスタートの9月始めである。

9月前は、夏休み。夏休みは、長い。40日、1ヶ月以上ある。

**長い夏休みで、子どもたちは、リセットされている。簡単に言えば、忘れているのだ。**

逆に言えば、1学期で「当たり前」と思っていたことも忘れているということ。1学期うまくいったクラスは、「当たり前」を思い出させなければならない。そして、「当たり前」に戻さなければならない。

いずれにせよ、9月最初は、大事である。尊敬する野中信行氏は、4月を「金の時間」、9月を「銀の時間」と呼んでいるぐらいだ。

**1学期うまくいかなかった教師はラストチャンスとして立て直しの「策略」が必要だ。**
**1学期うまくいった教師もきちんとリスタートの「策略」を持つことが必要だ。**

「金の時間」4月と同じように、「銀の時間」9月最初には「策略」を巡らせよう。そうでないと、10月の学級崩壊へまっしぐらである。

# 9月は第二の学級開きとシメてかかれ

「銀の時間」である9月。その9月の「策略」について述べておこう。

夏休み明けで、まず気になるのが、声の大きさだ。例外なく子どもたちの声は1学期末より小さくなっている。

当たり前のことではある。子どもたちは、日常生活では、教室のような大声を出していない。30人の友達に対する教室の声は、特別なのだ。日常生活で教室のような声を出していたら、迷惑に違いない。とはいえ、小さな声を放置しておく訳にはいかない。

私は大昔、TBSの取材を受けたことがある。その当時、全国の教室を取材して回っていたプロデューサーに次のように問われた。

「いいクラスかどうかは、すぐに分かるんですよ。見分けるポイントが分かりますか?」

私が答えに困っていると、次のように教えてくださった。

「簡単ですよ。いいクラスは例外なく声が大きいです。」

これ、その通り。たとえば、崩壊学級をイメージしていただければよいだろう。


**崩壊学級は、例外なく声が小さい。子どもたちは、ボソボソ話す。逆に言えば、大きな声のクラスは崩壊していない証拠である。**


そこで、2学期最初には、「策略」として意図的にクラス全員で声を揃えて返事をする場面を増やす。返事は短いので、大きな声を出させやすいからだ。

たとえば、教師が話をする前である。

「今から、先生が話をします。」「はい。」（クラス全員が声を揃えて）

「先生の目を見て、しっかりと聞いてくださいね。」「はい。」

こうすれば、話をする前だけで2回返事をさせることができる。

くり返し言わせる場面も「策略」として意図的に増やす。たとえば、漢字辞典の使い方を確認する時は、次のようにする。

「今から漢字辞典の使い方を確認します。漢字辞典、はい。」

「漢字辞典。」（クラス全員が声を揃えて）

「部首が分かっている時は、部首索引で調べます。部首索引、はい。」「部首索引。」

こうやって全員で声を揃えて言わせる。すると、全体の声がどんどん大きくなっていく。

動きが遅くなっているのも、2学期最初の子どもたちの特徴である。しかし、これも放置しておいては、まずい。

崩壊学級の特徴の1つに子どもたちの動きが遅いことが挙げられるからだ。


崩壊学級の子どもたちは、ダラダラ動いて、何をしても時間がかかる。給食準備に20分~30分かかるなんてことも珍しくない。

逆に言えば、子どもたちの動きが速いのは、クラスが崩壊していない証拠である。


たとえば、私の学級では、机を移動して班にするのは、5秒以内。教室の後ろに並ぶのは、10秒以内だ。

「班にします。5、4、3、2、1。はい、できた班？　1班と5班は合格ね。」

制限時間を設けると、子どもたちはやる気になる。ゲームになるからだ。

ただし、2学期最初は「策略」として、制限時間を少し長めに設定する。子どもたちは長い夏休みで動きが落ちている。いきなりハードルを上げすぎても、子どもたちはやる気にならないからだ。たとえば、

「班にします。10秒以内にできれば合格ね。10、9……」

と1学期末に「5秒」だったところを「10秒」にする。

制限時間は、子どもたちが少しがんばればクリアできるところに設定するのが一番だ。この辺りのさじ加減が上手くできるのがプロ教師である。

夏休み明けに限らず、今どきの教室の空気は安定しない。同じクラスでも、曜日によって、雰囲気が違う。いや、同じ曜日でも、雰囲気が違うことがある。

たとえば、月曜日の朝。妙に重たい空気の時もあれば、ザワザワと落ち着かない時もある。また同じ1日の中でも、時間によって空気が違う時さえある。今どきの教室の空気は本当に不安定だ。

私は、教室の空気を安定させる、つまり空気調整が教師の一番の仕事だと思っている。というか、空気を安定させないと、クラスは危うい。

崩壊学級は、妙に冷めたどんよりした雰囲気であることが多いからだ。また、逆にザワザワと落ち着かないのも崩壊学級の特徴だ。学級を崩壊させたくなければ、教師が空気調整をきちんとするしかない。

特に、夏休み明けは空気が安定しない。どんよりと重たい場合も、ザワザワと落ち着かない場合も、いつも以上に重傷であることが多い。

そんな時は、「策略」としてミニネタで空気を調整するといい。

どんよりと重たい時は、音を出させるミニネタが有効だ。たとえば、拍手をさせるだけでも、教室の空気はちょっと温まる。早口言葉を言わせるだけでも、空気は温まる。「拍手→声出し→笑い」とハードルの低い順に行い、教室の空気を徐々に温めるといい。

逆にザワザワしている時には、口を閉じさせるミニネタが最適だ。たとえば、30秒当て。子どもたちは、目を閉じて30秒経ったと思ったところで立つ。見事に30秒ぴったりで立った子が優勝である。沈黙の時間が教室の空気を落ち着かせてくれる。

こういうミニネタをたくさん持っておくと、空気調整のための「策略」が練りやすい。

# それでも ダメなら「いつかいい思い出になる」とあきらめろ

去年、転勤して、学校を変わった。

実は、落ち着いた学校への転勤を希望していた。しかし、校長から「中村先生には、荒れた学校に行ってもらう。君のスキルを活かさないのはもったいない」みたいなことを言われた。大きなお世話である。

私が今まで勤めて来た学校と同じような荒れた学校だと言われて転勤した。しか～し！今までの学校とは、全く違った。荒れのレベルが違う。これなら、落ち着いたものだ。

しかも、初めての学校、生徒指導主任ということもあって、去年も今年も4年生担任だ。

高学年担任を外れるのは、実に、20年ぐらいぶり。子どもたちが可愛いと心から思える幸せな毎日を過ごしている。

しかし、こんな恵まれた環境にずっと置かれていたら、『ブラックシリーズ』はなかっただろう。困難校に勤務し続けたからこそ、『ブラックシリーズ』が誕生したのだ。

今、厳しい現場で戦っている教師たちもいるはずだ。でも、人生はよくできている。後から思い出せば、きっと、「あの厳しい時期があったから、今の自分がある」と思える時が来るはずだ。

**厳しい学校に行き、厳しいクラスを持つと、間違いなく経験値があがる。そして、後から持つクラスが楽勝に感じられるはず。**

私も死ぬほど苦しい思いをし続けて来た。しかし、そのお陰で今の自分がある。今ぐらいの学校なら、楽にクラスがつくれる。また、お陰で『ブラックシリーズ』が出せた。厳しい現場にいるのも、悪いことばかりではない。いいこともあるもんだ。

転勤して、もう1つ分かったことがある。それは、『ブラックシリーズ』の真の重みは、普通の学校で勤務する教師たちには分かってもらえないだろうなということだ。

たとえば、私の出身、山口大学の先輩、菊池省三氏の著作である。菊池氏といえば、

「ほめ言葉のシャワー」で有名である。しかし、それ以上に、『甦る教室　学級崩壊立て直し請負人』（菊池省三、吉崎エイジーニョ著、新潮社）などでの厳しい現場で苦労する話が私にはよく分かる。菊池氏が勤務されていた北九州・小倉地区の荒れ様は、私が勤務してきた困難校によく似ている。だから、菊池氏の実践の重みがよく分かるのだ。

そういえば、親友・土作彰氏にも、厳しい1年間があった。その時、彼は、「初めてお前が言っていることが実感できた」と言ってくれた。

『ブラックシリーズ』では、そういう厳しい学校で生き抜くための「策略」を述べている。このシリーズは、以前の私と同じような現場で奮闘する教師仲間たちに捧げる。

また、そんな荒れた学校で通用する「策略」なのだから、普通の学校では、さらに機能することだろう。私は、今、それを実感している。

**今、厳しい思いをしている教師は、未来の自分への投資だと思おう。いや、そう思うしかない。**

そうやって、自分を慰めて、厳しい1年間を何とか凌ぐのだ。

【著者紹介】

中村　健一（なかむら　けんいち）

1970年，父・奉文，母・なつ枝の長男として生まれる。

名前の由来は，健康第一。名前負けして胃腸が弱い。

酒税における高額納税者である。

キャッチコピーは「日本一のお笑い教師」。「笑い」と「フォロー」をいかした教育実践を行っている。しかし，この『ブラックシリーズ』でその真の姿，「腹黒」をカミングアウト。


【主要著書】

『策略―ブラック授業づくり　つまらない普通の授業にはブラックペッパーをかけて』

『策略プレミアム―ブラック保護者・職員室対応術』

『策略―ブラック学級づくり　子どもの心を奪う！クラス担任術』

（以上，明治図書）

『担任必携！学級づくり作戦ノート』

『子どもも先生も思いっきり笑える　73のネタ大放出！』

（以上，黎明書房）

策略―ブラック学級開き
規律と秩序を仕込む漆黒の三日間

2018年2月初版第1刷刊 ©著　者 中　村　健　一
2019年4月初版第5刷刊 発行者 藤　原　光　政
発行所 明治図書出版株式会社
http://www.meijitosho.co.jp
（企画）佐藤智恵（校正）川村千晶
〒114-0023　東京都北区滝野川7-46-1
振替00160-5-151318　電話03(5907)6703
ご注文窓口　電話03(5907)6668

＊検印省略　組版所 株 式 会 社 カ シ ヨ



Printed in Japan　ISBN978-4-18-270026-2